Y.² 569. p.
B 2

LE PAGE DISGRACIÉ,

OV L'ON VOID DE VIFS caracteres d'hommes de tous temperamens, & de toutes professions.

PAR Mr TRISTAN l'Hermite, Gentil-homme ordinaire de la suite de feu Monseigneur le Duc d'Orleans.

SECONDE PARTIE.

A PARIS,
Chez ANDRÉ BOVTONNÉ, au Palais, sur le grand Perron de la Ste Chapelle, joignant la petite Porte de Monsieur le Premier President, à la belle Etoille.

M. DC. LXVII.
AVEC PRIVILEGE DV ROY.

COMME LE PAGE DISGRACIÉ coucha deux nuicts sur un arbre d'une forest.

CHAPITRE PREMIER.

APRES ces tristes adieux qui furent accompagnez de beaucoup de larmes, ie m'en allay gagner la riuiere qui court au pied du Chasteau : & m'estant promptement deshabillé, ie la passay en vn certain gué que me montra mon Irlandois. La Lune nous fauorisa beaucoup en ce dessein, toutefois mon guide pour auoir pris vn peu trop haut, faillit à nous faire perdre tout nostre équipage. Cela m'eust esté bien fâcheux ; n'ayant plus d'autre ressource pour me faire sortir de l'Isle, que l'argent qui estoit dans mon petit coffre d'acier. Enfin nous arriuasmes à bord heureusement, & nous estant r'habillez auec diligence, nous allasmes prendre vn chemin qui nous conduit dans vne grande forest. Dés que nous y fusmes entrez, j'entray au conseil auec mes propres pensées, pour donner à mon Irlandois les ordres qu'il deuoit garder pour ne donner point de soupçon aux domestiques, qu'il eust aucune connoissance de ma fuite, & luy dire auec quelle adresse il deuoit acoster Lidame, pour apprendre d'elle en quel estat estoient mes affaires, & quelle route on prendroit pour m'atraper. Lors que j'eus bien raisonné sur toutes ces choses, ie pris le coffre où estoient les reliques de ma fortune, & le fondement de tout ce qui me restoit

DISGRACIE'.

d'esperance; auec ce petit fardeau que ie passay par la fente de ma chemise, & le fis aller derriere mon dos, ie montay sur vn fort grand arbre à la faueur de mon fidele valet, apres l'auoir instruit de tout ce qu'il auoit à faire, & luy auoir fait de grandes promesses de l'en recompenser dignement. Ce garçon zelé pour mon seruice me quita en pleurant pour aller repasser la riuiere, & se rendre dans le Chasteau, selon mes ordres secrets, & moy ie m'enchassay le mieux que ie pus entre deux branches de l'arbre, apres y auoir lié mon manteau auec mes iartieres, afin qu'il me seruist de dossier. Mon lict n'estoit ny mol, ny commode, mais ie n'eusse pas laissé d'y dormir d'vn assez bon somme, n'eust esté les images effroyables de ma crainte qui m'en empeschoient, & le bruit continuel que faisoient certains animaux qu'on me dit depuis estre des bœufs sauuages.

Aussi-tost que le iour commença de poindre, ie descendis de cet arbre, qui m'auoit seruy de lict, & comme de fort inaccessible, & i'en allay choisir vn autre plus commode, & en vn lieu plus esleué ; mais auant que de l'aller reconnoistre en montant dessus ie m'aduisay d'aller enterrer le coffre d'acier où estoit le portraict de ma Maistresse, apres auoir tiré les Iacobus qui estoient dedans, ie pensay qu'il n'y auoit point d'apparence d'emporter ainsi des choses sur moy, si soupçonneuses & si remarquables, pouuant estre fouillé aux lieux où ie passerois par les Officiers de la Iustice. Apres auoir consigné ce depost en vn endroit qui me sembla seur, & dont ie consideray fort long-temps les particularitez, & les distances des arbres dont il eſtoit enuironné, i'allay m'établir chez le nouuel hoſte que i'auois choiſi dans la foreſt : delà ie decouurois le chemin par où mon Irlandois pouuoit venir, & ſi ie l'euſſe apperceu fort accompagné à ſon retour, ie pouuois auoir le loiſir de deualer & de me perdre bien auant dans la foreſt. Ce mal-heur ne m'arriua point, & i'eſtois chargé de tant d'autres, que ie n'euſſe pas eu la force de le ſuporter. Ie paſſay tout le iour dans des inquietudes eſtranges, & ne mágeay gueres du pain que mon Irlandois m'auoit apporté ſans qu'il fut detrempé de mes larmes. La nuict vint pour moy auecque des pieds de laine, & ie la trouuay ſi pareſſeuſe en cette triſte conionƈture, que i'euſſe alors eſcrit vne Satyre contre elle, ſi i'euſſe eſté capable de faire des vers. Enfin lors que le ſilence regnoit par tout, &

qu'il n'y auoit plus que le mugissement de quelques bœufs sauuages qui troublassent la tranquillité de ma solitude, i'entendis le cry de mon Irlandois, qui auoit vn certain signal pour se faire connoistre à moy, ie fus rauy de la joye de son retour, esperant de receuoir par son moyen quelque nouuelle fauorable : ie descendis aussi-tost de l'arbre, sur lequel i'estois pour l'aller embrasser, & luy demander en quel estat estoient mes affaires : & quand ce fidele garçon me sentit approcher de luy, il me vint embrasser les genoux auec tant de pleurs & de plaintes qu'il me transit presque d'effroy ; Ie luy pensay demander les particularitez de son voyage, mais il me dit qu'il ne vouloit point perdre de temps, qu'il falloit que nous eussions fait trois ou quatre lieuës auant que le Soleil fut leué, qu'il auoit des lettres & de

DISGRACIE. 9

l'argent pour moy, que ie verrois à la lumiere: Ie ne resistay point à partir, iugeant bien que l'espoir de mon salut consistoit en vne extréme diligence, & ce me fut vn grand aduantage d'auoir vn bon guide pour me mener parmy ces bois où il y auoit de rudes montées & de dangereuses descentes.

L'E PAGE

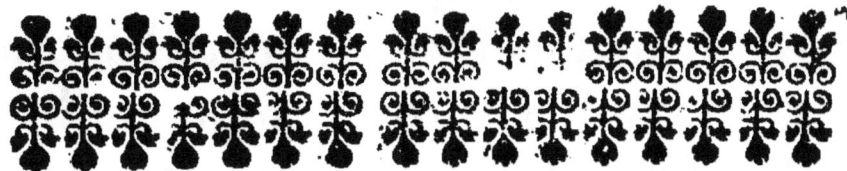

DES NOVVELLES QVE receut le Page, & comment il alla trouuer la Tante de Lidame qui demeuroit à Edimbourg.

CHAPITRE II.

LE iour commençoit à naiſtre, & les premiers rayons du Soleil penetroient desia la foreſt dans les endroits où les feüilles eſtoient le moins preſſées, lors que nous deſcouuriſmes vne grande eſplanade, qui nous fit voir auec vn peu de ioye que nous ſortions de la foreſt : ce fut lors que ie demanday à mon Irlandois les lettres qu'il auoit pour moy, & que m'eſtant aſſis ſur l'herbe pour reprendre haleine, ie l'obligeay de

DISGRACIÉ.

mé dire ce qu'on auoit fait dans le chasteau depuis mon depart. J'appris de luy qu'on l'estoit venu resueiller dans son lict dés le matin, lors qu'il ne faisoit encore que commencer son premier somme : & qu'on luy auoit demandé s'il ne sçauoit point où j'estois, & qu'il auoit respondu à cela que tous ceux de la maison le sçauoient aussi-bien que luy, qu'il m'auoit laissé dans la tour où j'estois enfermé, & pourquoy l'on luy demandoit ces choses. Que là dessus ceux qui l'estoient venus trouuer l'auoient iugé innocent de la rupture de ma prison, disans des choses entr'eux qui luy firent iuger, que lors qu'ils estoient venus dans sa chambre, ils n'auoient pas esperé de l'y trouuer, croyans qu'il pourroit auoir esté complice de ma fuite, mais que son sommeil, & ses paroles estoient des marques qu'il

A vj

en estoit fort innocent. Qu'apres cela il auoit fait fort l'empesché auec ceux qui alloient regarder les draps pendans à la fenestre de la tour, & qui disoient leurs sentimens sur la maniere dont j'auois pû sortir du fossé, & sur les chemins que j'auois pû prendre. Tout le monde fut enfin d'accord à s'imaginer que j'auois pris celuy de Londres, veu que j'estois vn Estranger qui ne sçauois presque point la langue du pays, & qui n'auois aucune connoissance que de ce lieu où l'on tenoit qu'estoient les principaux Autheurs de mon crime pretendu: que sur cette pensée il y auoit eu plus de vingt hommes à cheual, qui estoient allez apres moy battans l'estrade sur toutes les aisles de ce chemin, & faisans aduertir les Majeurs des bourgades, afin que l'on arrestast vn Estranger de l'aage, de la mine, & vestu de la sorte que i'eſtois deſcrit. I'eus ce bon-heur qu'il n'y euſt perſonne qui s'aduiſaſt iamais de la route que j'auois priſe. Auſſi n'y auoit-il gueres d'apparence de ſoupçonner qu'vn homme qui s'eſtoit precipité par vne feneſtre durant l'obſcurité de la nuict, ſe fuſt aduiſé d'aller paſſer vne riuiere à nage, & qui eſtoit aſſez dangereuſe: nul auſſi n'auroit penſé que i'euſſe connu le gué que j'auois paſſé.

Il me dit encore que Lidame, qui ſe promenoit par toute la maiſon, pour voir & pour entendre ce qui s'y faiſoit, luy auoit dit en paſſant auprés de luy, qu'il ne jettaſt nullement les yeux ſur elle, & qu'il ſe gardaſt bien de faire ſoupçonner à ceux du logis qu'il euſt quelque choſe à luy dire, & que lors que tout le monde ſeroit couché, il ſe vint rendre à la porte de la chambre de ſa Maiſtreſſe. Il auoit obſerué ponctuellement tout cet ordre, il auoit esté introduit par Lidame dans la chambre de ma Maistresse, qui toute outrée de desplaisir pour mon infortune, & toute transsie de la crainte qu'elle auoit pour moy; ne peust s'empescher d'en faire de grandes expressions en sa presence: Elle pesta contre l'aueuglement de sa mere, & contre la malice de ses parens & de ses amis. & l'ayant bien exhorté de me seruir fidelement en cette occasion; elle luy donna trente Iacobus par aduance du bien qu'elle promettoit de luy faire;& le chargea de deux pacquets pour moy, tous deux cachetez soigneusement, l'vn plein d'or, & l'autre de trois lettres, dont il y en auoit deux qui s'adressoient à moy, & l'autre à la tante de Lidame.

Lettre de Lidame au Page disgracié.

VOstre mal-heur est dans l'excez, puis que les meschans qui vous persecutent, vous font ainsi quitter les personnes qui vous ayment, & que vous aymez. Mais c'est quelque sorte de consolation qu'ils n'ayent fait que troubler vostre felicité, sans attenter plus auant sur vostre vie, gagnez promptement Edimbourg, & portez la Lettre que ie vous enuoye à la persone à qui ie l'adresse, c'est le plus seur expedient que vous puissiez prendre pour vostre salut, & vous connoistrez s'il y a de la generosité, & de la fidelité dans la race de Lidame, mais ne manquez pas de chercher des moyens pour me faire sçauoir de vos nouuelles, quand vous serez hors de danger.

Lettre de la Maistresse de Lidame au Page disgracié.

Prenez soin de vous conseruer, si vous auez soin de ma vie, nos mal-heurs se peuuent adoucir auec le temps, mais rien ne me consoleroit de vostre mort, i'ay fait tous mes efforts pour dissiper l'orage qui vous menaçoit, & ie me suis trouuée impuissante, ma mere a tenu le party de la calomnie contre l'innocence, & n'a pas voulu escouter sa fille. Ainsi pour vous faire perir, on a corrompu la source d'vn sang assez clair, & qui ne s'est iamais souillé d'injustice ny de lascheté, & dont la plus saine partie est à vous. Mais il n'y a rien de perdu, puis que vous vous estes sauué, Lidame escrit à sa Tante pour vostre salut;

& pourueu que vous la trouuiez, vos ennemis ne vous trouueront point, mais attendez là mes aduis : ou si vous estes obligé de vous en esloigner, faites qu'on sçache tousiours de vos nouuelles, si vous ne voulez bien-tost apprendre celles de ma mort.

Ie ne peus lire toute cette lettre sans l'arroser de beaucoup de larmes, & sans m'abandonner aux mouuemens de la douleur. Puis quand i'eus allegé mon cœur par cette sorte de remede, ie ne me proposay plus que d'entrer dans cette superbe ville d'Edimbourg, dont on m'auoit dit autrefois tant de merueilles, & qui deuoit pour lors estre mon azile. Ie ne vous diray point quelles montagnes ie franchis ny quels ruisseaux ie passay, auant que de voir cette ville Capitale de l'Escosse : il suffira que ie vous die que ie l'apperceu enfin sur vn haut, & que ie vis aussi sur vn rocher cet inexpugnable chasteau des Pucelles, dont il est tant parlé dans les Romans.

*COMME LA TANTE
de Lidame dépescha un Messager à
sa niéce pour auiser auec elle comment
on feroit sauuer le Page disgracié.*

CHAPITRE III.

Nous ne fusmes pas pluſtost entrez dans Edimbourg, que nous allaſmes chercher le logis de la Tante de Lidame, & nous trouuaſmes qu'elle y eſtoit nouuellement reuenuë d'vne ſienne maiſon des champs où elle auoit paſſé plus d'vn mois. Lors que i'eus preſenté la lettre que i'auois à cette venerable Damoiſelle, elle fit fermer les portes de ſa maiſon, & commanda à ſes domeſtiques de ne laiſſer entrer perſonne: puis apres auoir relû deux ou trois fois la lettre, elle se mit à m'interroger sur le sujet de l'empoisonnement que l'on m'auoit supposé. J'essayay de la contenter là dessus, & luy fis entendre clairement à la faueur de mon Irlandois, dont elle çauoit fort bien la langue, comme i'auois esté enuié par l'Escuyer, quels procedez i'auois eu auec luy, & de quels stratagesmes il s'estoit seruy pour me perdre. Et bien (me dit-elle) vous n'estes pas le premier qu'on a persecuté sans raison: & vous n'en estes pas moins digne d'estre seruy, puis que ce n'est qu'une marque de vostre vertu. Nous donnerons l'ordre qu'il faut pour vous sauuer, quelques puissans ennemis qui vous vueillent nuire, & bien que le soin soit grand que l'on apporte en cette Isle, lors qu'il s'agit de quelque affaire comme la vostre. I'espere auec la grace de Dieu, de vous tirer de ce peril: vous n'auez rien qu'à vous confier à sa paternelle prouidence, & me laisser faire le surplus. Puis elle adjousta à ces paroles que la crainte que j'auois euë, & les deux mauuais gistes que j'auois pris sur l'arbre de la forest, comme la fatigue du chemin, demandoient biē que ie prisse vn peu de repos, lors que j'aurois mangé quelque chose. Et là dessus, elle donna les ordres pour me faire apporter à manger, & pour me faire apprester vn lict. Ie reconnus aisement au premier abord de cette femme que c'estoit vne personne de grand sens & de grand courage: & cela me donna beaucoup plus d'asseurance que ie n'en auois eu depuis quatre ou cinq iours. Toutesfois i'y goustay peu les viandes, encore qu'elles fussent bonnes, & ne dormis profondement que pource que ie ne pouuois plus veiller. Le lendemain mon hostesse me vint voir au lict accompagnée de mon

Irlandois, qu'elle auoit fait regaler le mieux qu'elle auoit pû, elle me dit qu'elle estoit d'auis d'enuoyer vn de ses gens à sa niepce, auec vne lettre de compliment à l'ordinaire, qui pourroit estre veuë de tout le monde, dans la maison de ma Maistresse, & qu'auec cela le messager se chargeroit de quelque billet secret pour faire sçauoir mon arriuée en son logis, & pour demander à sa niéce vne plus ample instruction des moyens qu'il faudroit tenir pour me faire sortir de l'Isle. Ie trouuay cela fort à propos, & luy demāday la permission d'escrire à sa niéce, & à sa Maistresse, si elle estoit bien asseurée de la fidelité du Messager, voicy ce que i'escriuis à ma chere Maistresse, & à sa genereuse confidente.

Lettre du Page disgracié à sa Maistresse.

IE suis beaucoup moins sensible aux traicts du mal-heur, qu'à ceux de vostre bonté, & ie pleure beaucoup dauantage du ressentiment des generositez de ma Maistresse, que de l'iniuste persecution de mes ennemis. Ie puis satisfaire à leur cruelle animosité en perdant la vie, mais ie n'ay rien qui puisse dignement satisfaire aux faueurs que vous m'auez faites. Quand ie pense aux ennuis que vous n'auez eu que pour l'amour de moy, ie m'en hay moy-mesme, & ie courrois à la mort pour m'en punir, si vous ne me commandiez de viure: mais ie ne suis plus maistre de ma volonté, depuis que ie vous ay reconnuë pour ma souueraine Maistresse, & ie n'ay plus rien à souhaitter, si ce n'est de vous obeïr parfaitement. Commandez donc tout ce qu'il vous plaira à vostre tres-humble & tres obeïssant serviteur.

※※※※※※※※※※※※※※※※

Voicy celle que j'escriuis à Lidame.

A Lidame.

MA fortune est entre vos mains, vous en pouuez disposer comme il vous plaira: & ie m'asseure que ce sera tousiours fort fauorablement pour moy. Vous auez esté desia l'Ariane qui m'a retiré d'une fascheux Dedale, & vous serez encore le phare qui me conduira dans le port. Acheuez donc, s'il vous plaist, l'ouurage que vous auez si heureusement commencé, & vous asseurez que j'en auray tousiours le ressentiment, qu'une ame noble peut auoir d'une si bon office. Vous m'auez recommandé si puissamment à vostre Tante, qu'elle m'a receu comme
son

son enfant, mandez luy qu'elle acheue de prendre soin de ma vie, si vous le trouuez à propos.

Apres que ces deux billets furent escrits, & pliez assez proprement, i'en fis vn petit paquet que ie cachetay d'vn cachet que connoissoit ma Maistresse : puis ie le fis coudre deuant moy dans le busc du pourpoint du Messager, qui partit aussi-tost apres. Ma sage hostesse apres cette expedition, prit le soin de me consoler souuent de mes disgraces, & pource qu'il n'estoit pas à propos pour ma seureté que ie sortisse de sa maison, ny mesme que i'y fusse veu de ses voisines, elle me fit tenir dans vne chambre fort haute, & fort esloignée de son appartement ; & me donna pour côuersation quantité de bons livres François, Italiens & Espagnols, ayât sceu de mon Irlâdois que i'entendois aucunement ces langues,

COMME LE PAGE S'EMBARQVA dans vn nauire Marchand, qui s'alloit charger de poisson aux costes de Noruegue.

CHAPITRE IV.

IE fus deux iours en inquietude du Messager de mon hostesse, qui tardoit plus à reuenir que nous ne nous estions proposé, & qu'il ne nous auoit promis, & ie commençois à tenir cela pour vn tres-mauuais augure; lors que nostre homme nous vint trouuer: il dit pour raison de son retardement, que ma Maistresse estoit malade, & que Lidame occupée à la seruir, n'auoit pû luy donner pluftost ses dépesches. Mon hostesse se mit à lire les lettres de sa niéce, & moy ie dépliay celles de ma Maistresse, & de cette digne fauorite, qui estoient telles.

Response de la Maistresse du Page.

Comme si nous n'estions vous & moy qu'une mesme chose, ie suis malade de vos maux, & ne ressens pas seulement ceux que l'on vous fait, mais encore ceux que l'on pretend vous faire. Esloignez vous promptement d'un pays où l'on vous cherche pour vous perdre, mais ne vous separez pas de moy. Il n'y a point de tyrannie qui puisse forcer les volontez, & la distance des lieux n'a point de pouuoir sur les ames. Lidame escrit à sa Tante tout ce qu'il faut que vous fassiez pour vostre salut, ie vous conjure de ne m'aymer que pour mon repos.

Lettre de Lidame.

Vous estes l'innocente cause de tant de maux qu'il n'y auroit point d'assez grands supplices pour vous, si vous en estiez tant soit peu coupable. L'empoisonnement qu'on vous suppose, va mettre en trouble une partie des plus grandes maisons d'Angleterre : & de la façon que le feu s'allume icy, l'on peut iuger que sa violence ira bien-loin. Suiuez soigneusement les ordres que i'enuoye à ma Tante, & vous gardez bien d'estre pris, car aucun effort humain ne seroit capable de vous sauuer.

Ces deux lettres estoient bien succintes, mais elles n'en estoient pas moins touchantes, l'vne estoit toute pleine de tendresse & d'amour, & l'autre de douleur, & d'espouuante. J'eus le loisir de les relire trois ou quatre fois auant que mon hostesse eut leu la sienne, car elle estoit de plus de deux feüilles de grand papier. Et quand elle eut bien consideré les choses qui estoient là dedans, elle secoüa quelque peu la teste, & prenant mon Irlandois par le bras, afin qu'il luy seruît de truchement, elle me dit que la Maistresse de sa niéce estoit vne fole, & qu'il n'y auoit guere d'apparence que l'on appliquast son esprit à ses indiscrettes propositions. Qu'elle demandoit si l'on pourroit acheter vn vaisseau en quelque port, pour me faire promptement sortir de l'Isle, comme s'il n'y auoit point d'autres moyens plus commodes, & plus presens que celuy là. De plus, que sa niéce auoit eu beaucoup de peine à l'empescher de

B iij

se vouloir traueſtir en homme pour venir auec elle à Edimbourg. Ces extrauagances m'eſtonnerent fort, & me firent beaucoup de pitié, pource que i'en aymois l'Autheur qui eſtoit l'Amour, mais elles ne firent que redoubler mes juſtes apprehenſions. A la fin de noſtre conference, mon hoſteſſe me dit que le retardement me ſeroit dangereux, & qu'il falloit promptement trauailler à ma retraitte. Elle enuoya vn de ſes domeſtiques au port prochain; & apres l'auoir inſtruit fort long-temps de la façon dont il deuoit agir en cette affaire, & m'ayant fait porter toutes les choſes qui m'eſtoient neceſſaires pour me deguiſer en ma chambre, elle m'y fit auſſi apporter à ſouper, m'auertiſſant de me bien recommander à la garde de celuy qui a vn ſoin paternel de toutes choſes. Ie m'accommoday ſelon ſon ordre d'vn gros habit à l'Escossoise, & dés que le Messager qu'elle auoit enuoyé fut reuenu, on alla querir vn Chirurgien qui me coupa les cheueux fort prés, afin qu'on ne me reconnust pas à la cheuelure qu'on pourroit auoir depeinte assez belle. En cet équipage, ie pris congé de mon hostesse, pour aller faire vn voyage, auquel ie ne m'attendois nullement. Pource que celuy qu'on auoit enuoyé au premier port pour descouurir si quelques vaisseaux n'estoient point prests à mettre à la voile, auoit retenu place pour moy dans vn certain vaisseau Marchand, qui s'alloit charger de poisson sec à la coste de Noruegue. Il auoit dit au Maître du nauire, que c'estoit vn Estranger qui estoit malade, & qui deuoit aller sur mer, par ordonnance des Medecins: Au reste que ie payerois bien ma nourriture, & que ie le gratifierois encore d'vn honneste present, pour cette faueur. Le Patron fut content de cette proposition, & luy promit de ne faire point appareiller iusqu'à ce que ie fusse venu : si bien que ie n'eus pas le temps de deliberer sur mon depart, il falut sortir d'Edimbourg, & s'aller embarquer promptement. Mon Irlandois ne me voulut point abandonner en cette occasion, quoy qu'il eust grand dessein de retourner en Irlande ; il voulut courre ma fortune, & pour cet effect, il changea ses Iacobus aussi-bien que moy, en quelque marchandise qui nous estoit propre en ce voyage, & en d'autre monnoye qui ne nous estoit pas defenduë d'emporter : nous prismes aussi quelque peu de raffraichissemens, selon le conseil qu'on nous en donna, & à la proportion du loisir que nous en eusmes, &

nous embarquasmes en loüant & benissant nostre Seigneur, resolus de nous resigner parfaitement à sa diuine Prouidence.

LE VOTAGE QVE FIT le Page disgracié en la Noruegue.

CHAPITRE V.

IE ne m'amuseray point à vous dire icy comme nous fismes le matelotage, le lendemain que nous eusmes mis à la voile : ny sur quels rums nous courusmes pendant nôtre nauigation, à quelle hauteur nous auions le pole, lors que nous appareillasmes à la rade, ny de quels dangers nous eschapasmes, en doublant les Orcades par vn vent fascheux, qui nous portoit sur des bancs de sable, & sur des roches. Il sembleroit en cela que i'affectasse de vous témoigner que ie sçay quelque chose de la sphere, & de l'art du pilotage. Ie passeray sur toutes ces matieres peu necessaires, pour vous dire qu'apres cinq ou six iours assez fauorables, vne tourmente de trois iours & trois nuits assez rude, & quelque peu de temps moins rigoureux, nous saluasmes cet endroit de la coste de Noruegue que tous ceux du nauire horsmis moy souhaittoiét auec tant de vœux. Pour moy que le mauuais téps auoit si fort mal traité, & qui l'estois encore plus rigoureusement par mes propres pensées, ie ne demandois plus à voir la terre que pour y estre enseuely. Mon Irlandois me voyant malade, me fit mettre des premiers dans l'esquif, & prit soin de me faire ajuster vne cabane à la mode du pays. Là i'eus tout loisir de comparer mes felicitez passées, auec mes infortunes presentes. Là ie continuay long-temps à pleurer les pertes que i'auois faites, que i'estimois d'vn plus grand prix que toutes les autres richesses du monde, tantost l'image de mon premier Maistre me reuenoit en l'esprit ; cet aymable Prince, que i'auois toûjours reconnu si genereux & si bon, à qui les Astres du Ciel & de la terre m'auoient donné : & qui meritoit bien que ie le seruisse toute ma vie.

Tantost ie m'entretenois en ces lieux sauuages & froids, de l'apparition de ce fantosme de richesses, qui m'auoit esté si prodigue d'esperances; de cet austere Philosophe, qui par vne grandeur d'esprit surnaturelle, vsoit de tant de biens, comme les auares qui ne se donnent pas la licence de toucher aux richesses qu'ils possedent : qui auoit en sa disposition la source de tant de delices, & qui n'en vouloit pas seulement approcher les levres.

De là ie me cherchois encore dans le Palais enchanté de cette jeune Armide, qui m'auoit donné tant d'amour en vn aage où ie ne deuois pas estre capable d'en prendre : & me voyant precipité du faiste du bonheur, dans vn si profond abysme de douleurs, de confusions & de miseres, ie ne regardois plus ma vie que comme le chastiment de mes imprudences passées. Cependant on chargeoit le vaisseau sur lequel i'estois venu, de poisson sec, & de fourures, & d'autres marchandises du pays, & mon Irlandois vacquoit auecque beaucoup de diligence à faire que ce voyage nous profitast, & qu'apres auoir essuyé tant de perils, nous peussions reuenir auec quelque gain de ce grand voyage. Il eschangea des vstenciles que nous auions apportées, auec des martres zebelines, des hermines & d'autres belles fourures dont on luy conseilla de se charger. Et de Seigneur & de Prince imaginaire que i'auois esté, ie me vis effectiuemēt Marchand, sans iamais auoir pensé l'estre. Mon valet auoit trouué en cette plage beaucoup de matelots, & de Marchands de son pays, entre lesquels il s'en estoit rencontré de fort charitables, qui le voyant jeune, & sans appuy auec vn Estranger abandonné, s'estoient employez de bonne sorte à l'instruire de ce commerce, & mesme à le seruir fort vtilement, en luy donnant lieu de prendre des marchandises auec eux.

DE LA RENCONTRE
que le Page fit d'vn jeune Seigneur d'Escoſſe.

CHAPITRE VI.

VN iour que i'eſtois couché ſur vn ioudier prés du riuage, enuelopé d'vn longue robbe fourrée, & mon bonnet à la matelote, abatu de ſorte qu'il n'y auoit d'ouuert qu'vn petit paſſage à mes regards, qui ſe perdoient tantoſt dans la vaſte eſtenduë des flots, & tantoſt reuenoient à contempler la diuerſe forme, & ſcituation de pluſieurs nauires, dont les vns éſtoient à l'ancre, les autres à ſec & ſur le coſté; que l'on chargeoit ceux-cy de marchandiſe, & que l'on deſchargeoit ceux-là. Ie vis sur la greve vn jeune garçon bien fait: mais en fort mauuais équipage, accompagné de quatre ou cinq soldats de sa suite, & de plusieurs matelots qui l'enuironnoient, comme pour apprendre des nouuelles. Ce suruenant estoit d'Escosse, ainsi que mon Irlandois m'apprit, & s'estoit sauué d'vne route qui s'estoit faite en Dannemarc. Il aborda quelques Capitaines, & quelques Marchands pour sçauoir s'il n'y en auroit point le connussent à son nom, & qui luy fissent quelque faueur dans cette petite disgrace: mais il trouua ces ames insulaires vn peu barbares: ie me leuay d'où i'estois pour l'aborder, & luy demanday des nouuelles par l'entremise de mon Irlandois, & ie m'apperceus d'abord, qu'il deuoit estre quelque personne de qualité, à la façon dont il satisfit à mes demandes, mais ceux qu'il auoit à sa suite, & qui s'estoient sauuez hazardeusement auec luy, en informerent bien mieux mon valet. J'appris que c'estoit vn Seigneur des principaux de sa Prouince, & qui meritoit bien d'estre secouru dans ce mal-heur. J'en vsay assez noblement, & luy fis voir que i'auois esté mieux nourry que ces auares gens de Mer, qui firent semblant de ne connoistre pas sa maison, de peur d'estre obligés à luy faire quelque courtoisie. Mais si ie luy fis quelque faueur par bonté de cœur, ou par vanité, elle n'a pas esté perduë, & bien que i'aye esté treize ou quatorze ans sans le reuoir, il n'a point oublié ce bon office, & s'en est voulu reuancher prodigalement. Il passa vne nuict dans ma cabane, luy & tous ceux qui l'accompagnoient, & bien que ie ne le regalasse que de biscuit blanc, de quelques legumes, & chairs salées, auec de l'eau de vie & du toubac pour dessert, il me protesta qu'il n'auoit iamais fait si bonne chere.

DISGRACIÉ.

HISTOIRE TRAGIQVE de deux illustres Amans.

CHAPITRE VII.

PEndant le peu de iours que nous fusmes ensemble, ce jeune Seigneur disgracié me conta beaucoup d'auantures de guerre, & parmy cela quelques Histoires d'amour, dont la fin estoient déplorable c'estoient des matieres qui respondoient à ma fortune, entre les autres, il m'en conta vne où il estoit vn peu interessé. Il me semble qu'elle contenoit les secrettes affections d'vn Gentil-homme, & d'vne fille de qualité, qui s'estans rencontrez plusieurs fois tous seuls sur les bords d'vne riuiere, dont leurs maisons estoient separées, se prirent d'amour l'vn pour l'autre, & establirent entr'eux vn agreable commerce, qui ne fut iamais descouuert par leurs parens, entre lesquels il y auoit vne querelle immortelle. Cette pratique amoureuse ayant duré quelque temps, & ces deux Amans bruslans d'enuie de se pouuoir parler de plus prés, la jeune Damoiselle prit vn soir la hardiesse d'entrer dans vne nacelle qui estoit attachée de son costé, & s'estant mise en deuoir de pousser vne perche au fonds de l'eau pour aller à l'autre bord, le cours de ce petit fleuue qui est assez roide, fit engager la perche qu'elle tenoit sous le bateau, si bien que par cet effort elle tomba la teste deuant dans la riuiere. Son seruiteur troublé de cet accident, ne balança point à se jetter dans l'eau pour la sauuer, encore qu'il ne sceust pas nager: &

la force que luy donna son amour fut si grande, qu'il attaignit au fonds de l'eau cette chere personne qu'il aymoit, mais l'art manqua mal-heureusement, où la force de la Nature abonda si fort. Ils furent noyez de compagnie : & l'on trouua leurs corps embrassez dans vn filet de pescheur, qui estoit à vn quart de lieüe de là. On remarqua qu'estans morts le visage l'vn contre l'autre, leur amour auoit imposé du respect aux violences de la mort, & qu'il ne s'étoient point offencez dans leur derniere rage. Leurs communs parens auertis de cet accident, furent également attendris à ce triste recit, & d'vn mesme consentement, s'enuoyerent consoler les vns les autres sur cette nouuelle : prenans sujet de-là, de quitter leurs vieilles haynes, pour se reconcilier ensemble, & pleurer en Corps l'accident de ces deux illustres Amans, qui deuoient n'auoir qu'vn mesme lict, & pour lesquels on n'ouurit qu'vne sepulture. Depuis ces deux grandes Maisons qui auoient esté long-temps diuisées, se reünirent parfaitement, & l'on bastit de leur consentement vn pont commun pour passer à iamais de l'vne en l'autre, au mesme lieu, où les deux Amans s'estoient abouchez.

Ce Seigneur me voulut conter cette Histoire en François; & ne sçauoit pas si bien cette langue, qu'il n'y fit de grands solecismes & assez frequents, & toutefois il accompagna les paroles d'vne façon si passionnée, que i'y trouuay de la tédresse, & ne peus m'empescher d'en répandre quelques larmes. Il est vray que ce fut possible autant du ressouuenir de mes dernieres infortunes, que de celles qu'il m'auoit contées.

DISGRACIÉ. 47

Les cœurs blessez en même endroit, sont comme les luths qui sont accordez à mesme ton, l'on ne sçauroit toucher vne corde en l'vn qu'on ne fasse bransler celle qui luy respond, en l'autre : l'on void ainsi les affligez compatir facilement au mal-heur d'autruy : & cette emotion vient de ce ressort qu'on appelle amour de nous-mesmes.

AVTRE HISTOIRE Escossoise.

CHAPITRE VIII.

EN suite de cette Histoire, & de quelque fumée de toubac, qu'il prenoit autant par coustume que par delices; il m'obligea au recit d'vne autre auāture lamentable, qui ce me semble, estoit arriuée ainsi.

Vne fille de grande Maison prit de l'amour pour vn simple Gentilhomme, qui venoit quelquefois visiter son pere. C'estoit vn Caualier bien fait, de bon esprit, & fort adroit en tous exercices : mais il y auoit autant de disproportion entre leurs naissances & leur fortune, qu'il se rècontroit de conformité en leurs sentimens.

sentimens. La fille trouua vne occasion de le faire parler vn iour à sa loüange, & le conduisit auec addresse iusqu'à la hardiesse de luy descouurir en quelque sorte sa passion, mais ce fut auec des respects, & des soûmissions estranges. Cependant cette offre de seruice fut acceptée de la part de la Damoiselle auec beaucoup de franchise, & d'affection. Depuis ils eurent tant de secrettes conuersations ensemble, que le pere de cette fille en eut quelque ombrage, & comme c'estoit vn personnage d'authorité, qui pouuoit tout sur ce Gentil-homme son voisin, il luy donna quelque commission pour aller à Londres, se défaisant ainsi de luy pour trois ou quatre mois, sous pretexte de confiance en sa fidelité. La nouuelle de cet employ ne fut pas si tost arriuée aux oreilles de l'Amante, qu'elle se fondit toute en larmes,

& lors que son seruiteur vint receuoir ses commandemens pour partir, elle faillit à mourir en l'embrassant. Apres beaucoup de protestations de constance de part & d'autre; il fut arresté que le Caualier emmeneroit auec luy vn jeune garçon frere de lait de sa Maistresse, afin qu'il fut tesmoin de la maniere dont il viuroit en son absence; & qu'il peust le faire ressouuenir de ses amoureux serments.

L'Amant fauorisé de tant de caresses, & de tant de soins, ne fut pas long-temps à Londres, sans y faire des connoissances, & sans y estre beaucoup aymé, pource qu'il auoit receu de grands auantages de la Nature, que l'art auoit assez soigneusement poly. Entre ceux qui se piquerent d'amitié pour luy, il y eut vn jeune Gentil-homme Anglois, d'humeur agreable, & assez ac-

DISGRACIE'.

commodé des biens de fortune, qui s'empara parfaitement de son esprit. Celuy-cy luy fit oublier les choses dont il auoit juré tant de fois de se souuenir; & luy fit manquer de foy à la personne du monde qui la sçauoit le mieux garder. Vn soir qu'ils estoient en desbauche au plus fort de la bonne chere, l'Anglois fit venir sa sœur dans la chambre, mais ajustée & parée, de sorte qu'il estoit facile à iuger qu'il y auoit quelque dessein. Tous ses cheueux qu'elle auoit fort beaux, estoient frisez à grosses boucles, & liez agreablement en plusieurs endroits en moustaches, auec des rubans de diuerses couleurs; sa gorge estoit toute ouuerte, à cause qu'elle l'auoit parfaitement belle, & rien ne manquoit à faire parestre sa taille: A l'ariuée de cette merueille, le Caualier Escossois fut tout surpris, mais il le fut encore dauantage

C ij

quand il apprit que cette rauiſſante perſonne eſtoit la ſœur de ſon amy. Elle ſe mit à table auec eux, à la priere de ſon frere, & joüa fort adroitement ſon perſonnage. Elle aymoit & reſpectoit extrémement ſon parent, & ne haïſſoit pas ſon amy. Enfin, l'Anglois venant embraſſer ſon camarade, luy demanda s'il pourroit l'honorer aſſez pour vouloir eſpouſer ſa ſœur, afin qu'ils veſcuſſẽt deſormais enſemble. L'Eſcoſſois troublé du vin qu'il auoit beu, ou de l'objet de cette beauté preſente, ne ſe ſouuint plus de ſa premiere Maiſtreſſe, & mettant ſa main dans celle de ſon amy, jura qu'il acceptoit ſon alliance auec beaucoup de contentement. Ainſi ce mariage fut conclu, ou plûtoſt ce ſacrilege, & le frere de laict de la Damoiſelle Eſcoſſoiſe, ſe retira pour aller aduertir ſa Maiſtreſſe de cette

DISGRACIE'.

infidele action. Au recit de cette mauuaise nouuelle, l'Amante abandonnée, & qui meritoit vn seruiteur plus constant, se laissa tomber de foiblesse; & s'estant apres renfermée en vn cabinet, y mourut en deux ou trois heures d'vn saisissement de douleur. On trouua sur sa table vn papier où elle auoit escrit ces lignes, qui s'addressoient à son perfide seruiteur.

Puis que i'ay semé si prodigalement mes faueurs en vne terre si fort ingrate, & que i'ay perdu tout espoir de recueillir rien de mes soins, il faut que le tombeau me reçoiue. Cœur lasche & méconnoissant demeure comblé de delices, encore qu'il ne soit pas iuste que tu viues auec joye, apres m'auoir fait mourir de regret par ta perfidie.

Cette lettre si pitoyable, fit deux estranges effects, elle causa la mort du pere de la Damoiselle, & desesperafon seruiteur, qui ne sceut iamais plus se resioüir apres l'ayoir veuë: & qui par vn aueugle transport de rage, dans le remors de ce crime, se tua quelque temps apres d'vn coup de poignard, & rendit ainsi sa mort aussi detestable que son inconstance.

COMME LE PAGE
change de vaisseau.

CHAPITRE IX.

Qvelques iours s'escoulerent en cet entretien, & le vaisseau sur lequel i'estois venu, estoit sur le point de faire voile pour retourner en Escosse, lors que par l'entremise de mon Irlandois, qui auoit fait beaucoup de connoissance parmy les gens de marine, entre lesquels il auoit rencontré quantité de personnes de son païs, le fus receu dans vn autre bord apres auoir contenté le Patron Escossois qui m'auoit amené. Ie m'excusay de retourner auec luy, disant que ie ne me portois pas assez bien pour m'exposer encore si tost aux fatigues de la mer; mais la veritable raison qui m'en empeschoit, estoit que i'auois peur d'estre reconnu à mon retour, & sacrifié à la calomnie de mes ennemis. Peu de temps apres, ie fus auerty que trois vaisseaux alloient appareiller ensemble pour faire voile, l'vn en Angleterre; & les deux autres en Irlande. Mon fidele valet fit alors tout ce qu'il put pour me persuader d'aller en son païs, plustost qu'en cette Isle cruelle, où l'on m'auoit si mal traité, & où ie pourrois courir danger, toutesfois ie ne pus estre de cet aduis. L'Irlande me sembloit encore plus sauuage que l'Angleterre, & ie voulois à quelque prix que ce fust regagner Londres, pour essayer d'apprendre quelques nouuelles de ce Philosophe errant, qui ne partoit point de mon esprit. Puis i'esperois de trouuer bien-tost en ce lieu, quel-

DISGRACIE'.

que nauire de trajet, qui me repasseroit en France, d'où ie gagnerois l'Italie auec le peu de bien que i'auois. Ie demeuray donc dans mon bord, où l'on appareilloit pour s'aller rendre à Plemout, & donnant presque toutes mes marchandises à mon Irlandois, auec beaucoup de remerciméns de ses seruices, ie me separay de luy: ce ne fut pas toutesfois sans que ce pauure garçon fist mille cris de douleur qui m'afflige-rent, & sans que ie luy eusse donné mon nom, & mes armes, afin qu'il peust dire chez luy, quel estoit le Maistre qu'il auoit si fidelement seruy. Il estoit né prés de Limerick, fils d'vn assez honneste fermier, son nom estoit Iacob Cerston.

L'ARRIVEE DV PAGE à Plemout, & le peu de sejour qu'il fit à Londres.

CHAPITRE X.

Pres auoir essuyé vne assez grande tempeste, & couru beaucoup de perils, nostre vaisseau vint heureusemét au port à Plemout, mais ie ne m'y rendis que fort malade, i'y fus huit iours sans pouuoir presque parler, & ceux entre les mains de qui i'auois laissé quelques fourures se seruirent du pretexte de mon indisposition pour les vendre à leur fantaisie, me disant apres que ç'auoit esté par mon ordre, & que ie leur auois fait signe que ie voulois bien qu'ils les donnassent à ce prix.

DISGRACIÉ.

Enfin ie sortis de Plemout en assés bonne santé, & pris le chemin qui conduit à Londres, mais à l'entrée de cette ville i'apperceus vn des domestiques de la cousine de ma Maîtresse, qui me remit la frayeur dans l'ame, à la rencontre de cet Officier, ie me mis promptement vne main sur le visage, afin qu'il ne me reconnust point, & m'en allant sur le premier regard, par où l'on descend sur la Tamise, ie me iettay dans vn parauos. Ie donnay à deux bateliers tout ce qu'ils me demanderent pour les faire ramer diligemment iusqu'à Grauesine, & là, ie pris des cheuaux pour aller à Douure auec vn certain Maquignon que ie rencontray par bon-heur, qui faisoit passer quelques guilledines en France. Il n'est point necessaire de vous dire icy la fortune que nous courûmes, en ce petit traiet de Douure à Calais. Vous sçauez

C vj

bien que ce paſſage eſt aſſez perilleux en de certains temps, & combien les vagues s'eſleuent ſous vn grain de vent dans cette marche. Il eſt queſtion de vous conter des choſes plus particulieres, & plus plaiſantes. Dés que ie me fus repoſé deux ou trois iours à Calais, ie montay ſur vn bidet que mon hoſte me vendit, & pris le chemin de Dieppe pour m'aller enquerir en ce lieu de mon venerable Arteſius, mais ie n'en apris aucunes nouuelles, le Pere qui le connoiſſoit en cette ſainte maiſon, s'en eſtoit allé en vne autre Prouince fort eſloignée, & les autres ne ſçauoient point du tout qui eſtoit l'homme que ie demandois; cela me fit ſortir de Dieppe auec d'eſtranges tranſports de rage & de deſeſpoir, voyant que ie ne pouuois retrouuer les traces d'vn homme qui pouuoit tout pour moy & qui sans se faire aucun effort, eust fait hautement ma fortune en France, & fait encore auantageusement ma paix en Angleterre.

Mais ie n'estois pas nay sous vne planette assez heureuse, pour auoir des prosperitez en effet: il me deuoit sufire d'en auoir eu comme en songe, & si l'esperance de pouuoir trouuer cet homme ne m'eust point long-temps abusé, ie me fusse trouué trop riche du bien de mon patrimoine & des talents qu'il auoit pleu à Dieu de me donner.

COMME LE PAGE DISGRA-
cié fut pris pour dupe.

CHAPITRE XI.

IE pris le chemin de Paris, & rien ne m'arriua de remarquable dans ce dessein, que l'auenture que ie vais escrire. Apres auoir passé quelques iours en cette fameuse ville, qui fut autrefois la capitale d'vn petit Royaume, & qui est aussi florissante pour les lettres & pour les arts qu'opulente pour la marchandise, qu'on y void arriuer de tant de lieux: ie passay par le Pont de l'Arche & n'en estant esloigné que de deux lieuës. I'apperceus deux hommes à cheual qui m'attendirent & me demanderent apres m'auoir salué, si ie n'allois pas devers Paris, & si j'aurois agreable qu'ils se missent en ma compagnie. Ces gens là n'avoient pas la mine fort mauvaise; l'vn estoit fait comme vn Marchand, ayant vne vieille gibeciere à l'arçon; l'autre paroissoit estre quelque espece de Sergent à cheual ayant son escritoire penduë à la ceinture de ses chausses, & sa plume qu'il sembloit auoir oubliée derriere son oreille. Ie leur rendis leur salut, & leur dis que ce me seroit du bon-heur que nous allassions ensemble. Ainsi nous fismes quelque lieüe parlans de choses fort indifferentes. Les deux voyageurs me faisoient quelques tentatiues de fois à autre, pour essayer d'apprendre qui j'estois, & quelles estoient mes affaires, mais ie me tenois sur mes gardes, & ne me voulois point descouurir à ces inconnus, sur des secrets qui ne deuoient estre declarés, qu'à des cõfidents plus illuſtres. Comme ie ne leur reſpondois plus rien, & que ie me rémettois à conuerſer melancoliquement auec mes propres penſées, ie fus reueillé de cet aſſoupiſſement, par les cris effroyables d'vn homme bien monté qui pouſſoit ſon cheual à toute bride à trauers champs, & ſembloit venir droit à nous. Nous nous arreſtaſmes mes nouueaux aſſociés & moy pour l'attendre, & ce perſonnage veſtu de drap gris, couuert d'agrafes d'argent, ayant ſur la teſte vn bonnet de fourures fort fantaſque, nous fit des demandes auſſi-toſt qu'il nous eut joints en vn eſtrange baragoüin. Pour moy ie n'y comprenois rien, & ne me ſouciois gueres d'y rien entendre : mais les deux hommes qui eſtoient auec moy, firent fort les empeſchés pour expliquer ſes Enigmes, & trouuerent enfin que c'étoſt qu'il demandoit ſi nous n'auions pas veu paſſer ſon valet, qui s'enfuyoit par ce chemin, apres luy auoir volé mille piſtoles. L'eſpece de Polonois fit mine d'eſtre rauy de leur bonne intelligence, & leur ſçauoir bon gré de ce qu'ils teſmoignoient eſtre eſmeus de ſon infortune: & ſi toſt que ſon cheual eut vn peu repris haleine: il ſe mit à piquer de tous coſtez comme auparauant, mes nouueaux compagnós de voyage parlerent fort de l'auenture de cet Etranger, moraliſans enſemble ſur cette matiere, & feignans auoir compaſſion de ſon infortune. I'en diſois auſſi mes ſentimens comme les autres, bien que i'euſſe tant de mes propres diſgraces dans l'eſprit, que celle-là ne me touchaſt gueres. Enfin nous reuiſmes venir cet homme qui faiſoit l'enragé, & qui retiroit pour l'habit & pour la mine à ces auanturiers Turcs, qu'on void dépeins en Calcondile, & qu'on appelle foux hardis. Nous eſtions à peu prés du lieu où nous deuions nous arreſter pour diſner ; & cet extrauaguant affligé qui auoit trouué des conſolateurs en noſtre troupe, voulut venir diſner auec nous. La premiere choſe qu'il fit, apres que nos cheuaux eurent eſté mis en l'eſcurie, ce fut de prendre le Sergent de nôtre compagnie pour ſon truchement, afin de faire entendre à l'hoſte qu'il vouloit qu'on nous fiſt grand chere. En ſuite de ces ordres, le Sergent nous vint conter la magnificence des plats qu'on nous alloit ſeruir par le commandement de ce Seigneur Polonois, & nous exagera fort la franchiſe & la liberalité de ceux de cette nation, comme en ayant pratiqué d'autres dont il auoit receu beaucoup d'honneſtes gratifications, &

nous monſtra dix ou douze pieces d'or que cet Eſtranger luy auoit déja données pour l'obliger à l'aſſiſter dans la recherche de ſon valet, & luy ſeruir d'interprete iuſqu'à Paris. Le Marchand fit l'eſtonné ſur ce ſujet, & nomma le Sergent heureux d'auoir l'intelligence comme il auoit du baragoüin de cet Eſtranger, loüant les perſonnes d'eſprit. Cependant le Polacre vint faire le demoniaque dans la chambre, jurant qu'il voudroit qu'il luy euſt encore couſté cinq cens piſtoles, & qu'il euſt rencontré ſon voleur pour auoir le plaiſir de luy faire voler la teſte d'vn coup de ſabre. Là deſſus il tiroit le cimeterre qu'il portoit en eſcharpe, & en coupoit les chenets auec vne furie eſtrange. Tandis qu'il faiſoit toutes ces extrauagáces, on ſeruit ſur table, & ie vis vne maniere de feſtin : il paroiſſoit que l'on nous traittoit beaucoup mieux qu'à table d'hoste, l'Estranger toutesfois demanda s'il n'y auoit rien de meilleur, & dit qu'il vouloit que nous fussiõs mieux traitez. Nous fismes bonne chere auec luy, il beut pour le moins vingt santez de Princes, ou de Princesses de son païs, mais ce fut à mes camarades à luy faire raison là dessus : ie m'excusay de boire du vin sur ce que ie n'y estois pas accoustumé, & que ie me trouuois aucunement indisposé. Ie croy que le dessein de cet escorcheur de François, estoit d'essayer à m'enyurer, mais bien qu'il s'apperceust qu'il n'auoit pas bien pris ses mesures de ce costé, si ne laissa t'il pas de continuer à boire.

Sur la fin du repas le voila dans sa belle humeur, il dit en son iargon accoustumé, qu'il pardonnoit à son valet le vol des mille pistoles, & que s'il le trouuoit iamais, au lieu de le faire punir, il luy feroit encore du bien, puis qu'il en auoit assez par la grace de Dieu, pour en faire à beaucoup de monde, & pour n'estre pas incommodé de ces petites pertes. Il disoit ces choses d'vn air d'yurogne en begayant, & entrecoupant de hoquets toutes ses paroles. Et dés que l'on eut desseruy, il demanda de petits papiers, montrant auec les mains des signes qui firent dire à son interprete que c'estoient des cartes. On en apporta deux ou trois jeux de fines, qui furent aussi-tost démeslées, dont il en prit vne pour nous montrer, nous dit-il, vn jeu qui se pratique en Moscouie. Apres auoir cherché le neuf & le sept de pique, il les mit ensemble, & nous les ayant fait remarquer, il nous fit mesler les cartes, & nous fit entendre qu'il gageroit de larder vn as de cœur, qu'il auoit retenu, entre les deux cartes que nous auions veuës. Ce qui me sembla fort hazardeux, & encore plus à mes nouuelles connoissances. Celuy qui auoit mine de Marchand, disoit à l'autre deuant moy, s'il y auoit icy des personnes qui voulussent gager contre cet Estranger, on luy gagneroit bien de l'argent au jeu qu'il a proposé. Ie m'asseure qu'il ne mettroit pas cet as qu'il tient entre les deux autres cartes en cinquante coups, si ce n'étoit par vn miracle de la fortune.

Cependant le Polonois tira de ses deux poches vne grande quantité de carrelins, de Iacobus, & de nobles à la rose, demandant toûjours qui veut gager. Le Sergent à cheual, qui seruoit d'interprete à l'autre, me pinça lors la cuisse & par dessous la table me mit dix pistoles à la main me faisant signe que ie les gageasse pour luy. Ie n'auois pas tellement perdu l'habitude du jeu, que ie ne fuſſe capable de m'y remetre facilement, ſi peu que i'en fuſſe ſolicité. C'eſt pourquoy ie ne fis guere de reſiſtance à cette ſorte de tentation. I'eſtallay les dix piſtoles du Marchand, & mis encore la valeur de dix autres dans ce hazard, afin d'en eſtre de moitié. L'Etranger pretendu mit au jeu, & moy ie meſlay ſubtilement les cartes, & les luy preſentay hardiment, m'aſſeurant qu'il ne ſeroit pas aſſez heureux pour larder ſon as de cœur entre deux cartes deſignées en tout vn jeu complet. Ie ne me trompay pas pour cette fois : le Polacre tourna les cartes & le neuf de pique vint sás eſtre ſuiuy de ſon as de cœur; ſi bien que les vingt piſtoles que i'auois deuant moy groſſirent leur compagnie de vingt autres. Le perdant ne s'eſmut pas beaucoup de cela; il renuetſa toutes les cartes pour reprendre celle qu'il auoit manqué de placer où il pretendoit, & mit à part quarante pistoles pour tenter encore la fortune; ie ne trouuay point que ce fust trop, dans la haute esperance où i'estois de faire contre luy quelque gain honneste, & cette seconde espreuue me reüssit. Ie me vis cõducteur de quatre vingt pistoles, qu'il me proposa de hazarder encore toutes à la fois. Le Sergent qui estoit de moitié auec moy, & qui faisoit voir sur son visage vne apparente joye de son bon-heur, me poussa pour m'encourager, lors que ie n'auois que trop d'ardeur à suiure ma pointe. Mais ie ne sçay pas bien par quel mal-heur, au coup où il y alloit de nos quartre vingt pistoles, & lors que le Sergent eut meslé les cartes pour son argent, vn assez long-temps apres moy, le Moscouite fut si heureux qu'il larda sa

carte

carte entre le neuf, & le sept de pique. Apres auoir tiré auec des tremblemens simulez, & auoir demandé composition, le traistre amena les cartes fatales qui me troublerent tout le sang. Ayant ainsi perdu ce grand coup, ie ne perdis point le courage, & m'imaginay que cet accident estoit vn trait de caprice de la fortune, qui m'auoit voulu montrer que l'auantage que i'auois dans ce party inegal, pouuoit estre aucunement balancé par ses faueurs extraordinaires. Ie crus que ces petites merueilles qui pouuoient quelquesfois arriuer, ne pouuoient auoir de durée : & ce raisonnement n'eust pas esté mauuais si ce que ie croyois estre vn caprice de la fortune, n'eust point esté vn pur ouurage de l'artifice. Ie descousis la ceinture de mes chausses pour en tirer quelque ressource; & ie ne feignis point de risquer encore quarante pistoles de mon fond, pour tenter la bonne fortune. Elle engloutit ce sacrifice en vn moment, & le Sergent qui auoit mis six pistoles du sien, fit semblant de s'arracher les cheueux de regret de cette perte. Mais me sentant piqué viuement de ce prodigue de bonheur, ie ne m'arrestay point en si beau chemin, i'estalay sur le tapis trois ou quatre rouleaux, où les pistoles estoient comme les Mommies, enuelopez de cent bandelettes de papier. Le Sergent & le Marchand tinrent lors vn conseil ensemble, & s'approchans tous deux de moy, me mirent en main vingt pistoles, disans qu'il falloit bien mieux mesler les cartes que ie n'auois fait. Cette nouuelle tentatiue me cousta soixante pistoles, & les deux associez ne manquerent pas de battre les cartes apres moy, pour leur interest, &

DISGRACIE'.

le soin qu'ils en prirent ne me fut pas heureux, nous perdiſmes encore vne autre fois, qui eſtoit de grande conſequence; & ie me vis à six piſtoles prés de tout mon argent. Ce mal-heur m'eſtonna d'autant plus que ie m'y attendois moins. Auſſi c'eſtoit vne effet dont ie ne connoiſſois pas la cauſe; & i'ay fort bien reconnu depuis, à force de ratiociner, qu'il y auoit entre ceux qui feignoiết eſtre d'auec moy, des jeux de cartes tout ajuſtez, qu'ils mettroient entre les mains du faux Polonois, eſcamotans adroitement les autres, lors qu'ils faiſoient ſemblant de les meſler. Quoy qu'il en ſoit, ie perdis quatre cens eſcus en cette rencontre, & i'euſſe encore perdu le reſte de mon argent, mon cheual & mon habit, ſi i'euſſe voulu les croire. A la fin de cette Comedie, le Polonois paya le diſner, & les deux compagnons de mon voyage, & de ma perte, me laisserent dans l'hostellerie, faisans semblant de s'affliger de ce mal-heur, & de maudire la connoissance de l'Estranger, à qui quelque valet aposté vint dire quelque chose à l'oreille, & qui sur cette nouuelle monta promptement à cheual. Pour moy ie n'eus pas la constance de porter cette disgrace sans me jetter sur vn lict: où ie fis hautement mille imprecations contre la mauuaise fortune, pour vn accident dont ie ne deuois accuser que mon imprudence.

DISGRACIE'.

QVELLE RENCONTRE FIT le Page en vne fameuse hostellerie d'vn auare liberal.

CHAPITRE XII.

Cablé de cette infortune qui me coupa de si prés les aisles, lors que ie m'apprestois à prendre mon vol vers l'Italie; ie m'en retournay tout melancolique vers la ville dont i'estois party le matin : & deux iours apres i'y vendis mon cheual pour entreprendre quelque autre voyage à pied. I'auois logé dans vne grande hostellerie auant mon depart, & ie n'en voulus point prendre d'autre à mon retour ; pour le peu de temps que i'auois à demeurer en ce lieu. Là dedans il y auoit quelques

Estrangers qui faisoient le tour du Royaume, & qui deuoient y sejourner trois ou quatre iours pour considerer à loisir les singularitez de la ville. Ie me mis auec eux à table d'hoste, & ne trouuay point que ces Allemans fussent ioüeurs, ny qu'ils fissent les extrauagans comme le Polacre, qui m'auoit gagné mon argent. C'estoient de jeunes Gentilshommes fort sages; & conduits par vn assez galand-homme & de bonne compagnie.

Vn soir l'hostesse introduisit à nôtre table vne certain petit homme bossu deuant & derriere, comme vn autre Esope, & qui n'auoit pas l'esprit mauuais. Lors qu'il se fut vn peu appriuoisé, il nous fit voir qu'il estoit d'vne humeur assez plaisante, mais violente extrémement. Nous fusmes bien-tost dans vne assez grande familiarité; lors qu'il eut reconnu que i'auois plus d'esprit que n'en auoient les enfans vulgaires à mon aage. I'appris incontinent de luy que c'estoit vn Gentil-homme Prouincial, de cinq ou six cens écus de rente, & qui estoit venu en cette ville pour partager auec son frere, & sa sœur les biens d'vn oncle fort riche qui les auoit laissés ses heritiers. Il me conta que c'estoit vn vieux Medecin qui dés son enfance auoit trauaillé sans repos pour faire vn grand amas de richesses, qui ne luy seruirent iamais de rien. Il auoit trafiqué vingt-deux ou vingt-trois ans dans le Sein Persique auec des Marchands Arabes, faisant ordinairement sa demeure à Ormus, où il s'estoit rendu plus Arabe que les naturels du païs. Apres estre reuenu de ces lointains voyages, & s'estre habitué dans sa Prouince, où il ne cessa iamais de despoüiller les pauures par ſes vſures ſãs en eſtre iamais mieux veſtu, cet homme affamé des biens de la terre, eſtoit allé dans la terre: & ſes proches parens portans le dueil au dehors de ſa mort, & n'en pouuant contenir la joye au dedans, auoient fait cacheter ſes coffres par la Iuſtice, afin de pouuoir ſeurement, legitimement & auec ordre, diuiſer entr'eux le bien qu'il leur auoit laiſſé. Le petit Eſope me fit vne ample & ridicule repreſentation de la ſalle auarice de ſon oncle, & pour confirmer ce qu'il en diſoit, il me fit voir vn morceau de pain fort noir, enuelopé dans vn papier qu'il conſeruoit comme vne relique de la vilaine humeur du defunct; qui de peur de deſpencer trop, n'en mangeoit iamais de plus blanc. Celuy-cy en deteſtation de ce vice honteux, & qui ne s'attache qu'aux ames baſſes, s'aduiſa de donner des ordres à nostre hostesse, afin que tout ce que nous estions de gens qui mangions auec luy, fussions traictez magnifiquement pendant les iours qui seroient employez à faire le partage de son Oncle.

*EXTRAVAGANCE
de l'Auare liberal.*

CHAPITRE XIII.

NOus ne fufmes iamais plus eftonnez les Seigneurs Allemans & moy, que lors qu'on nous feruit le premier feftin que nous donna ce petit Efope. Nous vifmes des nappes & des feruiettes tabizées, & des plus fines qui viennent de Flandres : & tout cela jonché des plus belles fleurs qui fe trouuoient en cette faifon : en fuite de cela, l'on mit fur table beaucoup plus de plats que l'on n'auoit accouftumé, où toutes les viandes les plus rares eftoient agreablement eftalées. Le gouuerneur des Eftrangers s'allarma de

DISGRACIE. 83

voir cet extraordinaire, craignant que comme on augmentoit la bonne chere, on en augmentast aussi le prix: mais l'hostesse l'auertit aussi bien que moy, que nous en payerions beaucoup moins, & que c'estoit nostre petit Esope qui nous regaloit de la sorte. Chacun de nous se voulut excuser de luy faire faire cette despence, veu que c'estoit vn homme que nous n'auions iamais seruy; mais ce petit Monstre qui estoit colere comme vn Dragon, se mit à pester furieusement contre nostre modestie, il jetta de despit son mouchoir, ses gans, son manteau, son chapeau & sa petite espée contre terre, & nous jura sur sa damnation, que si nous n'acceptions de bon-cœur la petite bonne chere qu'il nous vouloit faire, ce peu de iours que nous auions à viure ensemble, nous le ferions enrager tout vif. La chose fut quelque

D vj

temps balancée, mais la grande passion du petit homme l'emporta sur nostre discrette retenuë. Nous fismes tous les jours festin, où ce personnage ne manqua jamais de nous donner la Comedie. Tantost il nous venoit trouuer tout transporté de joye, & le cœur tout enflé des hautes esperances qu'il auoit conceuës pour l'estat des thresors laissez : d'autrefois, il se presentoit auec vn visage si chagrin, que cela n'est pas imaginable, lors que la part qu'il auoit tirée de ces heritages, ne respondoit pas à son attente. Cependant il partagea de si grandes richesses, que cela ne semble pas croyable.

Ie sçay bien qu'au commencement de l'ouuerture des coffres de son Oncle il faisoit le petit enragé, grinçant les dents, regardant le Ciel de trav & pestant contre ceux qui auoient gouuerné le defunct, pource que dans l'argenterie qu'on auoit trouuée, il n'auoit eu pour sa part qu'vn buffet de vaisselle valant cinq ou six mille francs, vne euuette pesant deux cent marcs, & deux grands vases qui n'estoient gueres plus legers.

Il se consoloit aprés de ce desplaisir ; & faisoit honte aux Allemans, en la vertu de bien boire, s'asseurant qu'il ne seroit pas si mal-traité à l'ouuerture des coffres, où estoit l'or & l'argent monnoyé. Le lendemain c'estoient de nouuelles plaintes sur de nouuelles bonnes fortunes: il deschiroit son pourpoinct de colere, de n'auoir herité auec son frere & sa sœur que dix ou douze mille pistoles d'Espagne, trois ou quatre mille d'Italie, quinze ou seize cent Iacobus, & quelque treize ou quatorze sacs de mille francs.

Aprés ces regrets superflus sur vne misere que ie trouuois si digne d'enuie, il nous aduertissoit des boëtes de pierreries que l'on deuoit ouurir le lendemain : & se resiouissoit dans l'esperance qu'il auoit d'y trouuer beaucoup mieux son compte.

Le lendemain il nous vint jetter vn bordereau à demy déchiré, des perles qu'il auoit euës en sa part, & qu'il trouuoit estre peu de chose, encore qu'il y eust parmy cela deux tours de perles, prisées vingt quatre mille francs.

Ainsi fit-il pour des Diamans, pour des Rubis, des Saphirs & des Hyacinthes. Sur tout il fut excellent, vn matin qu'on auoit fait le partage des Esmeraudes, dont il auoit eu tout vn assortiment fort beau, prisé sept ou huict mille francs, & vne boëte toute pleine, qui estoit grosse comme mes deux poings joints ensemble : il ne se contenta pas d'en manger le couuercle en nostre presence, il se transporta si fort de colere sur cette matiere, qu'il en jetta de despit toutes les Esmeraudes parmy la place, & les pila demie-heure auec ses pieds, sans vouloir permettre qu'on les recueillist. Cependāt elles furent toutes ramassées, lors que cette fougue fut appaisée; & comme on luy presenta sa boëte remplie, comme elle estoit auparauant; il nous en mit à chacun vne demie-douzaine sur nostre seruiette des plus belles qu'il rencontra, mais elles estoient à si petit prix en ce temps-là, que ie ne retiray qu'enuiron soixante escus de cinq des miennes.

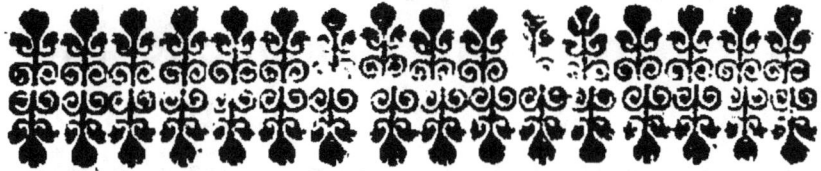

FASTE DE L'AVARE liberal, & quelle attainte on luy donna.

CHAPITRE XIV.

APrés cette incartade, qui me fut si fauorable en cette saison: i'eusse souhaitté de bon cœur que nostre petit fantasque eust encore tiré sa part de toutes les pierres precieuses de l'Orient, mais son partage finit plustost que ie ne l'eusse desiré. Il vint vn matin prendre congé de nous, disant que tout estoit partagé, hormis les immeubles, & qu'il alloit monter à cheual pour mener vn homme de conseil en sa maison, afin qu'il l'accompagnast ensuite à la visitation de ce qui restoit, tant il auoit de peur d'estre surpris en cette decision. Comme ie l'accompagnois iusqu'à la porte ayant mon manteau sus les espaules, il s'auisa de me tirer par le bras, & me dire que puis que i'estois en estat de pouuoir sortir, il me prioit d'aller oüir la Messe auec luy dans vn deuot Monastere, & que nous boirions apres le vin de l'estrié : ie ne luy voulus pas refuser cette faueur, apres en auoir receu d'autres de luy ; & nous fusmes ensemble dás vne Eglise, où l'on alloit dire Messe pour luy. Son homme de conseil s'y trouua, & si-tost que le dernier Euangile fut dite, ce Mirmidon tout contrefait alla dans la Sacristie, & reuint auec deux Religieux de ce Conuent. Il y auoit à l'entrée du Chœur vn tronc pour la manufacture de l'Eglise, & nostre Esope aussi enflé de vanité que gros d'espaules & de poitrine prit vne poignée de pieces d'or en sa poche, & les jetta dans le tronc, en nostre presence. Les Peres en destournerent modestement les yeux, mais comme vn jeune garçon que i'estois, ie pris garde à son aumosne fort honneste & mal concertée. Aprés cette charité peu profitable, puis qu'elle estoit si peu secrette, ce fastueux ridicule se tourna vers le plus vieux des deux Religieux, qui estoit le Superieur de la Maison, & luy dit, *Mon Pere ie vous prie de vous ressouuenir de moy en vos prieres, mais le Pere graue & sensé, luy respondit à mesme-temps, Monsieur, ie vous prie de vous ressouuenir de Dieu dans vos œuures.* Ce que ie trouuay bien raisonnable, & bien digne d'vn bon Religieux. Les Heretiques sçauent bien multiplier en leurs Histoires scandaleuses les Iudas, qui se descouurent en la compagnie de Iesus-

Chrift, mais ils n'ont garde de parler des veritables Apoſtres qui s'y rencontrent. Auſſi leur intereſt y feroit vn peu lezé, & c'eſt l'intereſt qui anime, & qui fait mouuoir la plus grande partie des hommes, qui ne font point inſpirez de l'eſprit de Dieu.

COMME LE PAGE
disgracié fit des vers dans une Abbaye.

CHAPITRE XV.

Vand nostre fastueux eut fait cette bonne œuure en apparence, qui n'auoit gueres de merite en effet, nous sortismes de cette Eglise, & nous entrasmes dans vn assez fameux cabaret. Là le petit hypocondriaque parut plus sensé, pource qu'il n'auoit plus dans l'esprit que choses humaines, & cette boüillante ardeur qu'il auoit tesmoignée en receuant sa part des biens de son Oncle, se r'assid en l'attente des biens à venir : à cause que l'objet qui n'étoit pas alors present, n'émouuoit

DISGRACIE'. 93

pas assez la puissance. Nous nous separasmes aprés le desieuner, & ie m'en retournay dans nostre hostellerie. De là ie deslogeay bien-tost pour reprendre le chemin de Paris, que i'auois quitté par trop de foiblesse, & que ie croyois pouuoir reprendre asseurement auec l'argent, & les pierreries que i'auois.

Vn bon Prestre seculier que ie rencontray presque au sortir de la ville, me fit retarder mon voyage, m'obligeant d'aller auec luy dans vne Abbaye assez riche, où il auoit de bons amis. Nous ne fusmes pas sitost arriuez en ce lieu que nous fusmes recueillis auec joye par de bons Peres, qui viuoient dans vne grande austerité, mais qui ne laissoient pas de faire faire bonne chere aux suruenans. Nous y fusmes festoyez huict iours entiers, durant lesquels on nous fit prendre tous les honnestes divertissemens qui se peuvent imaginer. Mon conducteur aymoit vn peu la chasse, & l'on prit soin de luy donner des cheuaux & des chiens pour le satisfaire : & pour moy qui leur tesmoignay aymer mieux des liures, on me donna la clef d'vne grande Bibliotheque, où ie passay fort bien mon temps. Les principaux de la maison, m'interrogerent sur plusieurs choses ; tant de celles qui sont vtiles, que de celles qui sont agreables, & pour donner vn pretexte à tout le Chapitre de me faire quelque honneste present, ils s'auiserent de me demander si ie ne serois pas capable de leur faire vn Sonnet sur vn sujet de deuotion. Moy qui parlois auec chaleur de l'excellence des Poëtes Anciens & Modernes, ie m'offris à faire vn effort pour leur donner quelque satisfaction, & ces bons Religieux, qui prirent deflors enuie de m'aflocier en leur compagnie, voulurent auparauant que de me declarer leur deffein, obferuer foigueufement quel eftoit mon foible, & à quels vices ie pouuois eftre fubjet. Pour m'efprouuer, ils employerent vne efpece de Demon, qui me vint tenter dans leur cloiftre, Comme i'eftois dans vne profonde refuerie pour compofer le Sonnet fur le fujet qu'ils m'auoient donné. C'eftoit vn garçon fort fubtil pour vn enfant nourry dans vn village ; Il eft vray qu'il auoit rodé deux ou trois ans en de bonnes villes. A l'abord il me vint reprefenter que ie me rompois trop le cerueau pour donner de la fatisfaction à ces bons Peres, & qu'il falloit prendre quelque interualle dans ce trauail. Il me parla d'aller boire pinte auec luy dans vn cabaret du bourg, où le vin eftoit excellent ;

mais ie ne donnay point à cette amorce, il reprit qu'il y auoit vne belle seruante au logis, dont il me moyenneroit la connoissance ; à tout cela ie fis la sourde oreille comme vn garçon qui ne beuuois point du tout de vin, & qui ne pouuois auoir d'amour pour des seruantes, en ayant trop pris pour vne illustre Maistresse. A ces instigations, il adiousta trois dez qu'il fit rouler sur la pierre, où i'escriuois, & ie me sentis tout esmeu à la veuë de ces maudits petits cubes, qui m'auoient rendu par le passé tant & tant de mauuais offices. Cette tentatiue fut fortifiée de la presence de cinq ou six pistoles qu'il fit sortir de son gousset, en me demandant si ie sçauois la chance & la raffle; ie fus tout prest à luy respondre & mettre en effet mes paroles ; mais comme le lieu estoit suspect, & que i'apprehendois

hendois d'estre veu dãs cette action, ie tournay subitement la teste pour descouurir de tous costez, & i'apperceus vn Pere qui se cachoit derriere vn pillier du Cloistre : cela me fit remettre à vn autre temps, ce que i'aurois bien voulu executer sur l'heure, & l'espion qu'on m'auoit enuoyé ne manqua pas de faire vn fidele rapport, de tout ce qui s'estoit passé. Tellement que les Religieux apprehenderent mon naturel enclin au jeu, & se contenterent de me faire vne sainte exhortation sur ce sujet, me donnans vne bourse d'enuiron cent francs, ausquels ils se cotiserent tous.

COMME LE PAGE
disgracié logea chez un de ses
parens.

CHAPITRE XVI.

Vec cette liberalité de ces nobles Religieux, i'entrepris de m'en retourner à Paris, & d'y voir quelques-vns de mes parens (qui sont tous gens d'honneur & qui ne manquent pas de credit) afin de sçauoir d'eux s'il y auroit asseurance pour moy, ayant tué vn homme à la veuë, & au sceu de toute la Cour; & s'il n'y auroit pas de moyen en accómodant cette affaire, de r'habiller aussi ma fortune, qui se trouuoit en grand desordre. Le hazard à qui ie me laissois conduire en me promenant, me mena dans vn bourg dont mon Oncle maternel estoit Seigneur, & c'estoit vn Gentil-homme qui possedoit vingt-cinq, ou trente mille liures de rente, mais vn homme si fort auare, qu'il ne tira iamais de son bien que des matieres de chagrin & d'inquietude, employant toute sa vie en procez. Il me prit enuie en voyant le chasteau où il habitoit, & dont i'auois souuent oüy parler, de voir le Maistre de cette maison. Pour ce dessein, ie me proposay de luy faire des relations de ma fortune à ma fantaisie, & de choses qui n'approchoient point de celles, qui m'estoient arriuées. Mais mon Oncle plein de deffiances & de soupçons, qui ne s'asseuroit pas en luy-mesme, me fit tant de questions les vnes sur les autres, & me retourna de tant de costez, qu'il n'y eut pas moyen que ie luy peusse respondre

E ij

sans me couper. Si bien qu'il reconnut mes déguisemens, & ne fit pas pour moy les choses qu'il eust esté obligé de faire. Il m'accommoda toutesfois d'vn cheual, & de quelque argent, qui ne fut pas en grande quantité, & que ie n'acceptay qu'à contre-cœur, & auec beaucoup de confusion, & i'éprouuay bien en cette rencontre qu'on souffre quelque fois beaucoup, en acceptant vne faueur, & que s'il y a du contentement à faire du bien à tout le monde, il n'y en a gueres d'en receuoir de quelques-vns.

COMME LE PAGE
disgracié fit connoissance auec la fille de son hoste.

CHAPITRE XVII.

Lors que i'eus pris congé de cet hoste melancolique, chez qui ie m'estois ennuyé deux ou trois iours, ie m'en vins droit à Paris, & m'allay loger dans l'Vniuersité, pour estre moins descouuert à tous ceux de ma connoissance. L'hoste chez qui ie descendis auoit deux pensionnaires, & fut bien aise d'en auoir encore vn pour se sauuer mieux sur nostre despence. Il auoit vne fille agreable, mais beaucoup plus adroite & fine. Elle estudia mon humeur cinq ou six iours, & me trouuant incessamment melancolique, elle s'imagina que ma tristesse pouuoit venir de quelque passion d'amour. Cet esprit inuentif employa pour en descouurir la verité, vn des pensionnaires : garçon riche, & assez bien fait, qu'elle auoit piqué de son amour. Celuy-cy couchoit en la même chambre où l'on m'auoit mis, & me rendoit de grandes ciuilitez : il ne luy fut pas difficile à m'acquerir pour son amy ; auec les soins qu'il s'en donna. La complaisance est vn charme vniuersel, qui est à l'vsage de toutes sortes d'humeurs ; mais les jeunes gens sont particulierement susceptibles de cette douceur. Ie luy découuris enfin toutes mes pensées, & luy fis vn veritable recit de toutes mes infortunes, & mesmes de mes amours d'Angleterre, excepté que ie ne luy dis pas le nom ny la qualité de ma Maistresse, m'estant resolu de ne descouurir iamais à personne vn secret si fort important, de peur qu'il ne m'en arriuast encore quelques mauuaises auantures.

La fille de nostre logis fut incontinent informée de toutes ces choses par ce jeune Escolier qui l'adoroit : & cette instruction ne luy rendit pas de bons offices. Veu que dés l'heure cette personne m'eut en grande consideration, ne faisant autre chose qu'admirer mon esprit, & mon courage qui m'auoient fait trauerser tant de païs, & retirer de tant de dangers effroyables. Sa curiosité ne fut pas si tost satisfaite, qu'elle luy fit naistre des desirs de m'engager, & plus i'opposay de resistance aux efforts de sa passion, plus elle rechercha d'artifices pour obtenir cette conqueste. Tous les iours elle recherchoit les occasions de me voir, & de me parler, sans qu'il fut beaucoup neceſſaire : tantoſt elle faiſoit ſemblant de venir chercher quelque choſe dans vn buffet, lorsqu'elle ſçauoit que i'eſtois tout ſeul dans ma chambre, d'autresfois, c'eſtoit pour y parler à mon camarade, quand il n'eſtoit pas dans le logis. Enfin ie n'eſtois pas vn quart d'heure ſeul, ſans que cette agreable perſonne ſe vint offrir deuant mes yeux, & ſi peu que ie tournois la veuë ſur elle, ie trouuois que nos regards ſe rencontroient touſiours par interualles, & qu'elle rougiſſoit en abaiſſant les ſiens. Cela me fit beaucoup de peine, car vne matiere ſeiche n'eſt pas plus capable de s'embraſer à l'approche d'vn miroir ardent, que mon cœur l'eſtoit à la rencontre d'vne beauté : & ie ne me voulois pas embarquer d'amour auec cette fille que mon nouueau camarade aymoit, & dont il m'auoit fait confidence. Ie voulois garder ma foy, à qui ie l'auois donnée, & ne sçauois comment conseruer ma franchise des mains de celle qui me la vouloit oster. Apres de longues contestations qui se firent entre mes pensées; l'amour l'emporta sur l'amitié, & ie me resolus enfin de cajoller ma jeune hostesse. Ie n'y perdis pas beaucoup de temps, & les progrez que firent mes soins dans son esprit furent si grands, qu'ils se rendirent bien-tost visibles à mon camarade. Ce qui le confirma dauantage dans la creance que ie l'aymois, & que i'en estois aymé, c'est qu'ayant vn iour pris vne petite bource qu'elle portoit à sa ceinture, comme il se joüoit auec elle, il apperceut dedans vne émeraude de celles que ie luy auois monstrées; que i'auois fait enchasser delicatement pour luy donner sous couleur d'vne discretion,

E v

qu'elle m'auoit gagnée. La fille luy tira brusquement la bource des mains, de peur qu'il remarquast ce petit present qui venoit de moy : & luy par vne adresse que luy donna sa jalousie, tesmoigna n'en auoir rien veu : mais pour s'asseurer mieux de la verité de la chose, il me vint trouuer à ma chambre, où i'escriuois quelques fantaisies sur ce sujet, & me dit qu'il sçauoit vn homme qui auoit grand desir de voir mes six esmeraudes, & qui estoit capable de les acheter tout ce qu'elles valoient. Ie luy respondis à cela qu'il me feroit plaisir de m'amener ce Marchand, mais qu'il ne m'en restoit plus que cinq, ce qui l'asseura de son doute. Le voila plus outré cent fois de jalousie que ie n'auois esté piqué d'amour : car la condition & les vertus de cette nouuelle Maistresse estoient de trop mauuais fondemens pour asseoir vn grand edifice. Depuis ce temps-là mon jaloux riual prit l'habitude de ce Dragon, qui faisoit garde autour de la toison d'or: il ne ferma plus les paupieres, & se donna plus de tourmens que la cause de ses soucis n'auoit de merite.

NOUVELLES DISGRACES du Page.

CHAPITRE XVIII.

LA vigilance de cet Argus estoit si grande, que ma jeune hostesse & moy ne pouuions plus auoir le moindre loisir pour pouuoir conuerser ensemble, il estoit tousiours auec l'vn ou auec l'autre de nous deux, & ne sortoit plus de la maison, si ce n'estoit en ma compagnie.

Vn iour que i'estois ennuyé de cette sorte d'opression, & que ie m'allois promener pour me diuertir, ie rencontray par mal-heur vn certain ioüeur de ma connoissance, qui ne sçauoit point du tout mes disgraces, & qui me demanda si ie voulois aller auec luy dans vne fameuse Academie, où il ne hantoit que d'honnestes gens, & qui auoient beaucoup à perdre, ie me laissay aller à cette tentation, & me trouuay dans vn tel mal-heur, que ie perdis tout mon argent auec tout ce que i'auois tiré de mes Esmeraudes. De sorte qu'il ne me restoit plus pour tout bien que mon cheual, que i'allay vendre sur le champ, & que i'eusse perdu dans l'ardeur du jeu, s'il n'eust point esté en pension dans vn logis fort esloigné de l'Academie. Le soir que ie fus de retour, ma Maistresse parut toute allarmée de me voir si melancholique, le profond regret de ma perte paroissant escrit sur mon front, & voulut prendre son temps pour s'enquerir à moy du sujet de cette tristesse, mais nostre jaloux fut auprés de nous, auant que i'eusse le loisir de luy repartir, tout ce que ie pûs faire en cette occasion, fut d'aller escrire en ma chambre vn petit billet que ie luy reuins donner adroittement. Ie l'aduertissois par là, que i'estois dans vn desespoir bien estrange, & qu'il n'y auoit qu'elle alors, qui fut capable de m'en pouuoir consoler: que nostre jaloux seroit sans doute assoupy cette nuit, à cause des veilles passées, & que si elle auoit autant d'amour pour moy qu'elle m'auoit voulu faire croire, elle se leueroit doucement sur la minuit, & me feroit la faueur de me venir parler sur la montée. Ma jeune hostesse prit son temps pour lire ma lettre, & vn peu apres, pour m'asseurer qu'elle ne feroit point de defaut à cette amoureuse assignation. Elle ne manqua pas de satisfaire à sa promesse à l'heure prise entre nous, mais l'é-

DISGRACIE.

colier ne dormit pas comme ie me l'eſtois promis: il ſe donna la patience de veiller toute la nuict auec nous, ſouffrant beaucoup plus de peine, que nous ne gouſtions de plaiſir: il preſta l'oreille à tout ce qui ſe dit ſur ce degré, s'appuyant contre la porte de la chambre, & creut entendre beaucoup de choſes qu'il n'entendoit pas, dont il compoſa la matiere d'vn manifeſte à me faire courir vn grand danger.

Cependant nous nous retiraſmes ma Maiſtreſſe & moy au chant du coq, & ne crûmes pas auoir eſté découuerts, & mon riual ne manqua pas le lendemain d'informer noſtre hoſte de tout ce myſtere. Comme ie penſois reuenir ſur le midy pour diſner, i'entendis vn grand tumulte dans la maiſon, noſtre hoſte parloit fort rudement à ſa fille ſur la lettre & l'Emeraude, dont il l'auoit trouuée chargée, & me tenant quelque temps prés de la porte, i'ouis qu'il disoit en jurant que i'espouserois sur le champ sa fille, ou qu'il me feroit souffler dans vn pistolet qu'il tenoit en sa main. Mon riual disoit là dessus, que c'estoit vne chose fort raisonnable, & qu'il s'employeroit auec tous ses amis, pour l'execution de ce dessein, i'entendis encore trois ou quatre autres personnes estrangeres, qui disoient estre de ce mesme auis. Cela me donna de grandes alarmes, & me fit prendre le dessein d'aller disner bien loin de là.

*DESESPOIRS ET MISERES
du Page.*

Chapitre XIX.

IE me vis reduit à de grandes extremitez par ce nouuel accablement, & faisant lors vne longue reflexion sur toutes les auantures de ma vie, ie faillis à mourir de desplaisir. Quand ie me representois la bonté de ma naissance, la curiosité de mon esleuation, l'honneur que i'auois eu de seruir vn grand Prince, le bon-heur d'auoir rencontré ce grãd Philosophe, qui me pouuoit tenir lieu de toutes les felicitez terriennes, & qui ne m'eust pas esté vne foible escorte à m'acheminer aux celestes. De plus, les faueurs d'vne Maistresse digne des passions d'vn grand Seigneur, & me voyois à l'heure si malheureux qu'il ne s'en falloit presque rien qu'on ne me forçast d'espouser la fille d'vn teneur de pensionnaires, cela me mettoit presque au desespoir. I'en arrachay mes cheueux auec assez de violence, & m'abandonnant aux transports de cet excez de melancolie, ie sortis de la ville sans autre dessein que d'aller, où mes pas me conduiroient. Par hazard, ce fut sur le chemin d'Orleans, que me fit aller ce transport, & comme ie tournois les yeux vers le Ciel, lors que la nuict fut venuë, & pour luy demander raison de tant de disgraces, ou pour le supplier de les adoucir: i'y vis paroistre cette vaste blancheur qui procede d'vne nombreuse confusion de petites estoilles, & qu'on nomme la voye de laict. Ie pris cet objet à bon augure, ie me ressou-

DISGRACIE'. 115

uins qu'on appelloit aussi cela le chemin d'vn Saint, & ie me proposay de me conduire iusqu'en ce petit Royaume, où son corps glorieux est honoré. Ie fis ainsi deux ou trois iournées, sans parler à personne, qu'aux hostes chez qui ie logeois ; tandis que i'eus vn peu d'argent, i'allay tousiours en relais, mais quand ie m'apperceus que i'estois fort près de ce qui me restoit, ie me mis à pied, & ce ne fut qu'à cinq ou six lieuës de cette celebre ville qui fut autrefois fondée par ces Danois, qu'on surnomma Pictes, à cause de 'a couleur dont ils se peignoient le corps. Quelque temps apres que ie fus reduit en cet estat, ie fus atteint par vn Messager qui prit compassion de ma misere me voyant fait de sorte que ie meritois bien d'aller plus commodement, il me fit monter sur vn de ses cheuaux, qui alloit en main, & m'ayant demandé quel estoit mon dessein, me promit de m'assister de sa faueur pour me faire entrer en quelque honneste condition dans cette grande cité, que nous voyons desia d'assez prés, ie le remerciay de cette courtoisie, & trouuay que depuis, que les plus petits amis sont parfois beaucoup vtiles. Il me donna la connoissance d'vne fille qui gouuernoit tout dãs vne grande maison, & cette personne là qui auoit des amourettes, & qui ne sçauoit pas escrire, fut rauie d'auoir vn Secretaire fait comme moy ; qui ne connoissois personne du païs, & qui n'aurois aucune raison d'esuenter ce secret mystere. J'escriuis quelques lettres pour cet amour qui m'étoient dictées si plaisamment, que ie n'ay gueres eu de plus agreable diuertissement : car elle se conseilloit à moy sur ses veritables pẽsées, pour mieux colorer les fausses & tromper vn vieux penard, à qui cette petite rusée vuidoit la bource d'vne merueilleuse façon. Lors qu'ils estoient en cõuersation ensemble elle l'obligeoit à luy faire quelque offre, ou trouuoit le biais de luy faire perdre quelque discretion à quelque jeu où le bon-homme perdoit tousiours : & quand elle faisoit responce aux lettres qu'il luy escriuoit, elle ne manquoit pas à luy donner des attaintes sur ses promesses, & le piquer d'honneur pour l'obliger à s'en acquitter noblement. Tantost ce n'estoit qu'vne foire, dont il estoit question : vne autre fois c'estoit vne iupe promise, que le personnage prenoit à credit à haut prix, & que la Dame donnoit à bon marché argent contant. La fille me faisoit secrettement coucher en sa chambre, qui estoit tout joignant celle de sa Maistresse ; & tous les soirs, lors que mes inquietudes m'empeschoient de dormir; i'auois le plaisir d'entendre le tripotage de la Maistresse, & de la fille de chambre. La Dame estoit encore assez belle, & viuoit en mauuais mesnage auec son mary, qui estoit vieux & jaloux & de fort mauuaise humeur. Ils estoient separez de biens & de lict, & s'ils ne l'estoient pas pourtant. Ce n'estoient que raports continuels, qui se faisoient de part & d'autre, & l'interest du tiers & du quart composoit toutes les nouuelles qui couroient; sans qu'il y eut souuent vn seul mot de verité. C'est vne chose estrange, que le fondement des haines & des amours du monde, tel croit estre fort mal traicté de son amy, dont il est aymé cordialement : tel croit estre aymé de certaines gens ausquels il ne sert

'DISGRACIE'. 119

que de sujet de raillerie : & ce sont des personnes adroites & mal intentionnées, qui pour leur seul interest, font tout ce desordre, quand elles ont pris quelque empire sur les principaux ressorts de ces grandes machines animées.

COMME LE PAGE
seruit vn Maistre chez lequel il tomba malade.

CHAPITRE XX.

IE ne fus pas long-temps caché dans cette grande Maison, sans estre apperceu de quelqu'vn des domestiques, & sans que celle qui me protegeoit, & qui m'auoit pris pour son confident, fut en peine pour me mettre ailleurs. Cette fille de chambre auoit fait quelque connoissance auec vne Demoiselle de ses voisines, à qui elle m'alla recommander de si bonne sorte ; que la Demoiselle eut grande curiosité de me voir ; & dés l'heure se proposa de chercher vne bonne condition pour moy. C'estoit

vne

une femme mariée, & tres-honneste : & qui ne laissoit pas pour cela d'auoir un galand homme pour seruiteur, qui luy rendoit tous les iours de grands soins, & de grandes marques d'une secrette amour, mais auec de si grands respects, que la plus scrupuleuse chasteté n'en pouuoit pas estre offensée. Celuy-cy n'eut pas plustost oüy parler de moy, qu'il s'offrit à me receuoir chez luy, & à me traiter fauorablement, ne pouuant trouuer une meilleure occasion pour pouuoir faire sçauoir souuent de ses nouuelles à cette Maistresse, que de prendre un garçon qui en estoit connu, & qui auoit beaucoup d'entrée chez elle. Si bien que ie me vis domestique de cét honneste Gentil-homme, que ie veux honorer toute ma vie, tant à cause de son merite, qui me parut grand,

II. Partie.

que pour les faueurs que i'en receus, qui ne furent pas petites. Sitost que ie fus chez luy, & qu'il se fut apperceu que i'auois quelques brilllants d'esprit, & quelque inclination à la Poësie: il me fit faire vne clef pour entrer quand bon me sembleroit dans vn cabinet plein de beaux Liures, il me donnoit presque tous les jours quelque Epigramme Latine à traduire, ou quelque Sonnet de Petrarque à tourner, & luy-mesme me montroit parfois quelqu'vne de ses compositions, qui n'estoient pas à mon auis bien escrites, & d'vn Genie qui fust heureux, encore qu'il fust d'vne race toute pleine de beaux esprits, & de grands Poëtes.

Ie passay quelques mois en cette Maison, si chery de mon Maistre, & de ses proches, que ceux du logis portoient enuie à mon apparent bon-heur, mais s'ils eussent connu mes secrets mescontentemens, ils eussent sans doute eu pitié de mes infortunes. Les objets qui se presentoient à mes yeux durant le iour, me diuertissoient en quelque sorte; mais lors que ie me trouuois seul, & quand i'estois le soir au lit, ie ne faisois autre chose que verser des larmes. Cette noire melancholie eut bien-tost alteré ma santé, & ie fus saisi d'vne fiévre quarte qui me dura presque vne année. Ie fus rendu par cét accident comme inutile à tout seruice : mais mon Maistre qui sembloit aymer particulierement mon esprit, ne me trouuoit point du tout à charge : il auoit vne bonne femme de mere qui n'estoit pas de mesme humeur, c'estoit vne sage personne & fort deuote, mais grande mesnagere & vigilante, qui ne vouloit point de bouches inutiles chez elle. Mon Maiſtre importuné du bruit qu'elle luy faiſoit quelquefois à mon occaſion, me propoſa (lors que la fiévre m'eut quitté, & qu'il ne m'en eſtoit reſté qu'vne enflure de corps) de me donner à l'vn des plus grands hommes de ce ſiecle, qui eſtoit ſon Oncle, & pour cét effet il eſcriuit vne Lettre de ſa main fort affectionnée, & qui montroit qu'il faiſoit vne tres-particuliere eſtime de moy. Ie pris cette Lettre, & quelque argent qu'il me donna, non ſans beaucoup de regret de le quitter, voyant bien qu'il en auoit auſſi de noſtre ſeparation.

DISGRACIE'.

DV SECOND MAISTRE du Page, qui estoit vn des grands Personnages de son temps.

CHAPITRE XXI.

LE lieu où sejournoit le bon Vieillard à qui l'on m'adressoit, n'estoit pas beaucoup esloigné de la Ville, où i'auois seruy son parent : & quand i'eus trouué sa maison, & dit que i'auois des lettres pour luy donner, ce venerable personnage me fit entrer dans sa chambre & leut sans lünettes ma Lettre, encore qu'il eust plus de cent ans. On n'a point veu de nostre siecle vn homme si bien composé, & c'estoit vn corps à durer encore quinze ou vingt ans, sans le malheureux accident qui le precipita deux ou trois ans apres dans le tombeau. Il auoit les cheueux & la barbe auſſi blancs que de la neige, mais les yeux vifs & clairs, & la bouche belle & vermeille, le corps droict, & les jambes aſſez bonnes pour faire tous les jours durant le beau temps, d'aſſez longues promenades dans ſon jardin : au reſte, il auoit bon ſens & bonne memoire pour les choſes de long-temps paſſées.

Cét excellent homme, arreſta quelque temps ſes yeux ſur mon viſage pour connoiſtre ma phiſionomie : & me dit apres en ſouriant, ce qu'on eſcrit que Socrate dit autrefois à quelque enfant qu'on luy preſenta, *Mon petit mignon, parle afin que ie te connoiſſe : mon Neueu me conjure par ſes Lettres de te receuoir auprés de moy, & m'aſſeure que tu as quelque gentileſſe, qui ne me ſera pas deſ-*

agreable: mais dis moy qui tu es, & ce qui t'oblige à souhaitter d'estre à moy? Ie luy respondis à cela, que j'estois nay d'assez bon lieu, & que j'auois des sentimens qui ne dementiroient point ma naissance. Que son parent que j'auois seruy, luy pouuoit rendre vn meilleur témoignage de mes mœurs, que celuy qu'il receuroit de ma bouche, & que la reputation de son esprit, qui s'estendoit par toute l'Europe, m'auoit donné le desir de trouuer place auprés de luy, me faisant esperer que ie pourrois obtenir quelque faueur des Muses, seruant fidellement vn de leurs plus celebres Nourrissons. A cette ingenuë declaration, le bon Vieillard me pressa le visage de ses mains pour me caresser; & fit paroistre qu'il me receuoit auec joye. Il donna sur le champ ordre à tous ses autres Seruiteurs de me bien traitter: leur disant qu'il faisoit vne particuliere estime de moy, qu'il vouloit que ie couchasse en sa chambre, & que personne n'eust la hardiesse de me commander, quoy que ce fust. Ainsi ie me vis instalé chez ce celebre Personnage, à qui ie ne rendois autre seruice que celuy de lire deuant luy deux ou trois heures tous les jours. Tantost c'estoit quelque chose de l'Histoire, ou de la Poësie des Anciens; tantost nous reuisitions ses propres Ouurages Latins, & François; où l'on void de fort belles choses, mais qui semblent auoir gagné plus de bruit en la premiere Langue qu'en l'autre. I'eus le soin de sa Biblioteque: & sans mentir cela seruit beaucoup à mon auancement aux Lettres. Ie passois les jours & les nuits, sur ses Liures, que ie ne croyois jamais pouuoir posseder assez long-temps pour en faire des collections à ma fantaisie. Ce bon & sage Maistre estoit bien aise que ie me donnasse de la sorte à cette honneste occupation: mais vne vertueuse Demoiselle qui estoit de la parenté, & qui hantant dans la maison m'auoit pris en affection, me portoit beaucoup plus à l'estude. C'estoit vn esprit fort curieux, & cela me rendit fort diligent: elle estoit quelquesfois en humeur de vouloir apprendre quelque chose de la Physique; lors qu'elle m'auoit tesmoigné ce desir, ie ne faisois plus autre chose que lire de cette matiere, afin de l'en pouuoir instruire apres, & d'essayer par ce trauail, de pouuoir meriter ses bonnes graces. Quelquefois elle me demandoit quelque chose de l'Histoire, & me commandoit le soir de l'en venir entretenir le matin, & ie passois toute la nuit à me fortifier l'esprit sur cette sorte de connoissance. Il me souuient qu'vn jour elle me témoigna quelque desir d'apprendre l'Anathomie, & que ie trauaillay de telle sorte en trois ou quatre jours, à faire des obseruations sur du Laurens, Ambroise Paré, & d'autres Autheurs qui ont escrit sur cette partie de la Medecine, que i'eusse pû passer en beaucoup de lieux pour vn docte Chirurgien. Il y auoit dans la maison deux des enfans de mon Maistre, qui faisoient assez connoistre par leur eminente vertu, qu'ils estoient sortis d'vn illustre sang. L'vn portoit la robbe longue estant pourueu d'vn honorable Benéfice: & celuy-cy estoit vn esprit fort delicat, qui raffinoit sur les belles Lettres, & faisoit le Censeur de toutes choses: mais adroittement, & joliment. Il estoit en esmulation pour l'eloquence, auec vn de ses freres, Gentil-homme aussi accomply que nous en ayons en ce siecle, & dont la vertu meritoit vne fortune plus auantageuse. Ie trouuay dans vn grand Liure Manuscrit beaucoup de Lettres & de Poësies de leur façon, & cela me fit naistre l'enuie de les pouuoir esgaler en quelque sorte, & deslors ie m'attachay sur cette montagne sacrée dont les fleurs sont si fort aimables, mais qui rapportent si peu de fruict.

Il m'auint vn jour d'escrire quelques Vers à la gloire de ce gentil Caualier, & mon trauail fut fort bien receu, voicy la responce qu'il prit la peine d'y faire en mesme temps.

Ieune Astre, qu'en naissant les Astres
 ont voüé
A ce Dieu, qui du temps, nostre memoi-
 re vange;

Ie voudrois estre autant digne de ta loüange
Que ie voy ton esprit digne d'estre loüé.

Mais pour m'en reuancher, par mes vœux ie conuie
Le Ciel de regarder la course de ta vie
D'vn œil qui soit toûjours fauorable & riant.

Afin qu'en ton midy nous te voyons reluire,
Et par les beaux effets de ton esprit, produire
Les miracles promis par ton jeune orient.

Ces Vers ne sont pas à la mode, & polis comme on les fait aujourd'huy, mais auec ce qu'ils sont de bon sens, ils ont quelque chose de bien digne que ie m'en souuienne, estans de la composition d'vn si galand homme, & faits encore en ma faueur.

PAR QVELLE ADRESSE LE Page fut fait Secretaire d'vn grand Seigneur.

CHAPITRE XXII.

JE vescus enuiron quinze ou seize mois dans vn assez tranquille repos: aymé de mon Maistre, & de ses enfans, qui me faisoient ordinairement quelques faueurs, & m'obligeoient tousiours de quelque nouuelle gratification, & ie croy que i'eusse passé dans cette maison la plus grande partie de ma vie, sans vn certain petit dépit qui n'estoit pas autrement raisonnable; mais qui comme vn despit amoureux, fut prompt & violent : il me fit sortir de moy-mesme, & m'obligea tout sur le champ de sortir de cette maison. Ie fis escrire de fausses Lettres, par où deux de mes Amis, m'auertissoient que ma mere estoit en grand hazard de sa vie estant abandonnée des Medecins, & moy en danger de perdre le peu de bien qu'elle m'auoit amassé, si ie ne me rendois promptement auprés d'elle, pource que la pluspart de son bien, consistoit en argent comptant: sur lequel on pourroit bien mettre la main durant mon absence. Auec ces Lettres ie vins trouuer mon bon Maistre, & parlant de cette nouuelle côme si j'eusse eu le cœur serré de douleur, ie luy demanday la permission d'aller fermer les yeux à ma mere. I'eus de la peine à l'obtenir, mais la consideration de mes interests l'emporta sur l'enuie que ce bô Vieillard auoit de me retenir. I'allay prendre congé de ses enfans, qui témoignerent tous auoir regret de mon depart, & me firent tous à l'enuy quelque present, m'obligeant encore de quelques Lettres de faueur, pour vn illustre Magistrat, qui faisoit son sejour alors auprés d'vn grand Prince, dans vne Ville où ie me proposois de passer. C'estoit vn des plus galands hommes de nostre Aage, que ce Personnage à qui l'on écriuit en ma faueur : jamais ie ne vis vn homme mieux fait, ny mieux né, c'estoit le veritable amy des Muses, & de tous ceux qui font profession de l'excellence des Arts. Il me receut auec grande joye, reconnut liberalement quelques Vers que ie fis pour luy, me donna d'abord son estime auec sa table, & prit le soin de me trouuer vne condition fort auantageuse, qui fut vne place de Secretaire d'vn grand Seigneur, de ses particuliers Amis. Ce nou-

DISGRACIE'.

ueau Maiſtre eſtoit vn homme de qualité, qui eſtoit riche de cinquante ou ſoixante mil liures de rente, & qui n'auoit ny n'eſperoit point d'auoir d'enfans. Il m'émena dans ſon caroſſe en vne de ſes Maiſons de campagne la plus agreable pour l'aſſiette, & la ſtructure, que l'on ſe puiſſe imaginer.

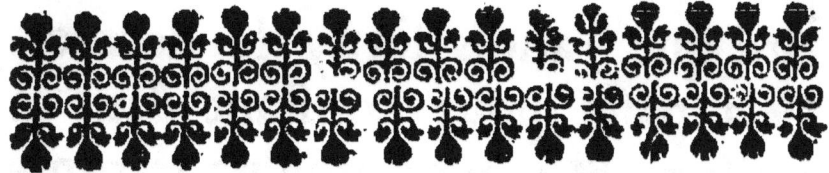

QVEL ESTOIT VN NAIN qui seruoit d'Espion à la Dame du Chasteau.

CHAPITRE XXIII.

Lors que nous fûmes arriuez, mon nouueau Maistre me fit l'honneur de me presenter à sa femme, & de luy faire grand estat de la gentillesse de mon esprit. La bonne Dame me voulut faire quelques demandes sur ce qui estoit de ma naissance, & comme ie tarday quelque temps à satisfaire à sa curiosité, son mary me retira de cette peine, luy disant comme en secret, ce qu'il auoit appris par conjecture du Magistrat; qui estoit, que ie pouuois bien estre quelque enfant illegitime de l'illustre & sçauant Vieillard que j'auois seruy le dernier. Cela passa pour constant dans la maison, & ie n'en voulus détromper personne, de peur que ce dény ne me reduisist à la necessité d'auoüer, ce que j'estois veritablement.

Ie ne me vis pas auec peu de gens, dans cette honorable seruitude: on nourrissoit soixante & dix, ou quatre-vingt bouches dans ce Chasteau, & parmy ces differentes visages, il y en auoit qui sont bien dignes d'estre remarquez. Nous auions vn Nain, qui n'estoit pas vne petite piece pour le ridicule, il auoit la teste à peu prés aussi grosse que celles que nous voyons aux peintures, où l'on nous represente Holofernes, & tout le bust, excepté les bras, estoit de la mesme proportion, n'ayant qu'enuiron demy pied de hauteur en tout le reste. Tellement que c'estoit plustost vn Monstre qu'vn Nain. Au reste, c'estoit la plus meschante & la plus malicieuse creature qu'on peust rencontrer : il estoit Italien de Nation, subtil d'esprit, & dépraué de mœurs : on l'appelloit Seigneur Anselme, & c'estoit l'espion major de la Maistresse de la maison, comme l'on m'en aduertit d'abord, & on ne vit jamais vn plus vigilant petit hõme. Durant les grands jours il se leuoit reglement dés les quatre heures du matin pour réueiller tous ceux qui auoient quelque employ dans le Chasteau, & depuis cette heure-là jusqu'à ce que Madame fust éueillée, il ne faisoit autre chose, que d'aller de quartier en quartier, & visiter toutes les chambres, & tous les appartemens, pour voir si le Peintre trauailloit, si le Brodeur ne quittoit

point son ouurage, à quoy s'occupoit le Fontainier, ce qu'on faisoit
dans la cuisine, & qui desieunoit
dans les Offices. Et tous les jours il
faisoit vne relation de toutes ces
choses, à nostre Maistresse, qui l'aymoit & le fauorisoit à cette occasion,
plus que tout le reste des seruiteurs.

RAPPORT DV NAIN,
qui déplut au Page.

CHAPITRE XXIV.

LEs continuels rapports du Nain, qui causoient bien souuent du bruit, & de rudes amonitions: luy firent beaucoup d'ennemis dans la maison, dont il ne se mettoit gueres en peine; mais il en auoit vn dans la basse-court, qui luy faisoit presque tous les iours des niches. C'estoit vn certain coq d'Inde qui s'estoit imprimé vne particuliere hayne contre le Nain; si-tost qu'il l'apperceuoit dans la court il venoit l'inuestir auec ses aisles, & luy donnoit tant de coups de bec à la teste que Seigneur Anselme estoit contraint de se mettre tout plat sur le ventre, de peur d'auoir les yeux creuez. Ceux qui le retiroient d'entre les ergos du coq d'Inde estoient en faueur auprés de luy: mais cela ne les asseuroit pas contre ses ordinaires rapports, & i'en fis l'espreuue à ma confusion dans cette rencontre. Il y auoit entre nos Pages deux bons & agreables garçons dont l'vn estoit grand chasseur, & l'autre estoit de bonne conuersation, & sçauoit assez bien chanter, & joüer du lut: nous fismes connoissance & amitié ensemble, & ceux cy firent entrer dans nostre cabale, vn jeune cuisinier, qui se disoit estre de bon lieu & me sembloit bon compagnon, & vn jeune garçõ d'office qui ne refusoit iamais pain ny vin à ses amis. Vn grand matin nous nous estions mis tous cinq à table pour y faire vn grand desieuner, nostre chasseur auoit fourny deux levreaux & trois perdrix, le Cuisinier vne bonne paire de poulets auec vn salmigondis, & le Sommelier, vn grand broc d'excellent vin blanc. Pour l'autre personnage, & pour moy, nous n'y apportasmes que nostre bonne humeur, qui valoit autant que tous les mets de ce repas. Nous estions prests à nous en aller, & nous auions causé long-temps de plusieurs choses, dont nous n'auions gueres affaire, lors qu'vn petit bruit nous fit tourner la teste, & nous vismes que c'estoit le Seigneur Anselme, qui sortant d'entre vn petit amas de bûches qui estoient posées debout à costé de la cheminée: en auoit fait remuer quelque-vne.

A cet objet espouuentable, chacun de nous eut le sang glacé, preuoyant bien que la feste ne finiroit pas si joyeusement qu'elle auoit esté commencée.

mencée. Cependant que le Nain se retiroit, s'appuyant sur vn petit bâton d'ébeine, qui l'assistoit à se conduire, ie fus deputé pour aller vers luy, afin de luy demander s'il auroit agreable de manger d'vne aisle de perdrix, & d'vne carcasse de poulet, qui nous estoient restées entieres, auec trois doigts de genetin, que nous sçauions qu'il ne haïssoit pas, mais il me respondit qu'il ne déjeunoit pas si matin : Me voyant esconduit de cette requeste, i'entrepris de luy en faire vne autre, qui estoit de ne rien dire à Madame du déjeuner qu'il auoit veu : le bon chelme me respondit à cela qu'il auoit promis à confesse de ne celer iamais la verité, & que si nostre Maistresse luy demandoit ce qu'il auroit veu la matinée, il ne luy seroit pas loisible de mentir. Cette responce fut de mauuais augure, & le mal-heur

II. Partie. G

suiuit son presage: nostre Maistresse fut aduertie ponctuellement de cette desbauche, & nous fit bien payer nostre écot, nous blasmant auec de grosses paroles, de ce que viuans en vne maison, où rien ne nous estoit refusé, nous estions si fort desreglez que de faire des repas secrets. Comme i'estois le plus apparent de cette troupe, & passois pour le plus spirituel, ce fut à moy qu'elle s'adressa principalement, si bien que ie me retiray de deuant elle, outré des paroles qu'elle m'auoit dites, & tout enflammé de colere contre le Nain.

DVEL DV NAIN & du coq d'Inde.

CHAPITRE XXV.

Depuis ce iour, il n'y eut pas vn de nous cinq, qui allast defendre le Seigneur Anselme, quand le coq d'Inde l'auoit terrassé : & lors que nous le voyons gouspillé par son ennemy, nous eussions souhaité que le coq d'Inde eut eu le bec & les ongles de fer, ou que le Nain eut eu la teste de beurre. Cet abandonnement mit nostre rapporteur en grande peine, & comme l'extréme crainte fait faire quelquefois des coups de desespoir, le peril où ce petit Monstre se voyoit exposé tous les iours, sans esperance d'estre secouru, luy fit prendre vn dessein, qui luy sembloit tres-formidable, ce fut d'assassiner l'animal dont il estoit persecuté. Mais comme il vouloit que la chose fust secrette, il ne prit aucun complice pour executer ce dessein. Apres auoir fait affiler vn petit coutelas par le Fourbisseur mesme, qui auoit accoustumé de tenir en bon estat le coutelas du bourreau, & s'estre muny d'vne vieille rondache de comedie : ce petit traistre se tint caché dans la basse court, à l'heure que les poulets reuenoient des champs pour se retirer en leur maisonnette. I'estois lors dans vne gallerie, dont la terrasse auoit veuë sur cette court, & comme i'y estois d'vne partie qui se joüoit au billard, i'allay par hazard faire de l'eau sur la terrasse. En ce mesme temps ie vis le Seigneur Anselme, qui deschargeoit vn grand coup de son coutelas sur le col de son ennemy, qu'il auoit surpris par derriere: cela se fit presque au pied de la muraille où i'étois, & i'entendis le Seigneur Anselme, qui disoit au coq d'Inde en acheuant de luy scier la teste. *Ah traditore! sapeua ben ché tu saray ammazzato.* I'eus vn grand plaisir à voir ce spectacle, & l'on auoit beau m'appeller pour acheuer la partie, car ie me trouuois à l'acheuement d'vne autre beaucoup plus agreable. Apres ce bel exploict, le Seigneur Anselme traisna comme sur la claye son ennemy mort, & luy fit prédre le chemin d'vne petite montée par où l'on alloit à sa chambre. Ie quittay la partie du billard pour l'aller suiure, & voir si ie ne le pourrois point surprendre en cette action. Par les chemins ie rencontray le vieux Secretaire de mon Maistre, qui me de manda si j'auois escrit quelques expeditions qui estoient à faire, & cet obstacle me fit perdre beaucoup de temps. Quand j'arriuay à la porte de la chambre du Nain, qui fut auec le moindre bruit qui me fut possible, ie le vis auec vne petite escuelle pleine d'eau à la main, & vn petit torchon en l'autre, dont il essayoit d'effacer les traces de sang que le coq d'Inde auoit laissées: ie luy demanday à quoy il s'occupoit ainsi; mais comme il estoit plein d'inuentions, il feignit que c'estoit qu'il auoit saigné du nez en ce lieu, & qu'il n'estoit pas bien aise que ces taches demeurassent ainsi deuant sa porte. Ie fis semblant de le croire: & poursuiuant ma pointe, encore qu'il s'efforçast de m'en empescher, ie poussay de la main la porte de sa chambre, qu'il auoit laissé entre-ouverte, & vis au milieu le coq d'Inde mort & fanglant. Là deffus ie me mis à rire de toute ma force, & le Nain à blafphemer de bon courage. Apres qu'il eut bien forcené de rage, & bien trepigné des pieds fur mon infolence, & fur la raillerie que i'en faifois, il eut recours à fes artifices pour guerir mon efprit bleffé, & m'obliger au filence. Il me protefta que le rapport qu'il auoit fait du déjeuner particulier où i'auois efté compris : n'auoit efté qu'vne action d'vn aueugle defir de vengeance contre deux ou trois perfonnages qui s'eftoient trouuez en ce repas, & qui l'auoient offensé. Que pour ce qui eftoit de moy, qui n'auois iamais tefmoigné le vouloir fafcher, il auoit toûjours efté mon feruiteur, qu'il me prioit de n'éuenter point ce petit myftere, & me conuioit à manger ma part de la chair de fon ennemy, qui fe trouueroit accompagné le lendemain, de quatre perdrix, chez vne Menuisiere du bourg, qui estoit de ses bonnes amies, & qui nourrissoit chez elle vne niéce qui n'estoit pas trop desagreable. Mon cœur s'amollit aux ardentes prieres du Seigneur Anselme, & la partie fut liée, pour aller le lendemain disner ensemble.

COMME TROIS PERDRIX furent reprises dans les chausses du Nain.

Chapitre XXVI.

IE garday tout le soir fidelement le secret, & i'auois bien intention de ne le descouurir iamais; lors qu'vn accident arriua, qui mit mon esprit en desordre. Nostre Maistre alloit à la chasse au renard le lendemain de cette auenture, & pour cette raison, disnoit de meilleure heure qu'à l'ordinaire. Au poinct qu'il se mettoit à table, ie rencontray le Nain dans vne salle, à qui ie demanday, si nostre festin estoit prest: il me respondit qu'il alloit enuoyer les quatre perdrix, & qu'en suite de cela, il se feroit porter dans vne hotte au lieu de nostre assignation: Car c'estoit ainsi qu'il faisoit ses petits voyages. Ie voulus sçauoir qui luy auoit donné ce gibier; & i'appris de luy qu'il alloit insolemment prendre quatre perdrix que nourrissoient deux jeunes Demoiselles de la Maison, proches parentes de nôtre Maistre, & qu'elles tenoient en leur chambre dans vne grande cage de poulaillier; son entreprise me parut hardie, ie luy en voulus dire mon auis, ne croyant pas qu'il fust à propos de toucher aux delices de ces enfans, pour accroistre nostre repas, mais le Nain me repartit brusquement qu'elles en auroient assez d'autres. Ainsi nous nous separasmes bien déliberez d'executer nostre dessein; & ie ne le reuis plus que lors qu'on desseruit le fruict de deuant le Seigneur à qui nous estions. Il se trouua bien empesché, quand il falut trauerser la sale auec ces perdrix qu'il venoit de prendre en la chambre des deux Demoiselles. Cette chambre auoit deux portes, l'vne qui respondoit sur vne terrasse, qui conduisoit en cette salle, & l'autre sur vn petit degré desrobé, au bas duquel estoit la cuisine, ie ne sçay quel bruit il entendit sur ce petit degré, apres qu'il eut mis le gibier à demy mort dans ses chausses, qui le fit resoudre à passer par la salle, où presque tous ceux du logis estoient. Ce qui fut le plus important pour luy, c'est que nostre Maistre l'appella prés d'vne fenestre, où le bon Seigneur lauoit sa bouche, & fut long-temps à luy demander quel auancement faisoient ses parentes en l'escriture; car le Seigneur Anselme qui escriuoit parfaitement bien, leur seruoit de Pedagogue. Le petit fourbe respondoit à toutes ces questions, & trepignoit incessamment, comme s'il eust esté pressé de quelque necessité naturelle, regardant de fois à autre la porte qu'il eust bien desiré gagner. Tandis, les jeunes Demoiselles reuinrent de leur chambre fondantes en larmes, pour conter à leur parent auec de grandes lamentations, comme leurs perdrix estoient perduës. Le bon Seigneur se mocqua de leurs plaintes, croyant que cela estoit arriué par vn cas fortuit, & leur ayant promis de faire chasser à la tonnelle, afin qu'elles en eussent d'autres, il continua d'entretenir encore le Seigneur Anselme. La plus grande de ces deux filles, me vint faire ses complaintes sur ce malheur, auec des paroles de tendresse, pour ses perdrix, qui me semblerẽt ridicules. Ie luy dis que ces sentimens d'enfant, estoient excusables en sa sœur, qui n'auoit que sept ou huit ans, mais que d'elle qui auoit presque deux fois son aage, il m'étoit impossible de les souffrir. Elle me repartit là dessus qu'elle confessoit sa foiblesse, & m'en faisant pareſtre vne autre, me jura qu'elle n'auroit aucun regret en ses perdrix, pourueu qu'elle sceuſt au vray ce qu'elles eſtoient deuenuës ; cela me tenta de la prendre au mot, & d'efprouuer quelle eſtoit sa sagesse : ie la fis toucher dans ma main, & jurer sa foy qu'elle tiendroit cette declaration secrette : & pendant que ie receuois son serment, sa sœur qui eſtoit vne petite espiegle, & qui auoit entendu quelque chose de cette propoſition, pouſſa doucemét vn tabouret derriere nous, & monta tout bellement deſſus pour apprendre tout le reſte de ce myſtére. Ie diſois à son aiſnée qu'elle portaſt les yeux sur le

Seigneur Anselme, & qu'elle prit garde à ses chausses qu'on voyoit quelquesfois mouuoir, par vn effort que faisoient les quatre perdrix, tant regrettées, à qui ce Nain n'auoit pas bien tordu le col. Et comme elle eut bien remarqué ce nouueau mouuement de trepidation, dés que ie luy eus dit *ce sont vos perdrix*, cette petite cadette qui estoit aux aguets derriere nous, se jetta brusquement à terre, & courut vers le petit homme, en criant, *voicy nos perdrix, voicy nos perdrix*. L'autre fille esmeuë & troublée par cette action, ne marchanda pas à violer le serment qu'elle ne faisoit que d'acheuer de prononcer, & comme ie la voulus retenir, partit auec tant de violence, qu'elle me laissa vne de ses manchettes entre les mains. Ces deux jeunes Demoiselles aborderent le Nain à mesme temps, & le porte-

DISGRACIE.

rent par terre auec vne impetuofité merueilleufe : iamais deux bons levriers d'attache laschez à propos, ne coleterent vn fanglier auec plus d'ardeur. Le Seigneur Anfelme eu beau jurer & blafphemer, fon éguillette de deuant fut rompuë, & quatre mains tout à la fois vifiterent le fonds de fes chauffes. Le Seigneur du chafteau qui eftoit d'humeur à prendre plaifir à toutes les chofes diuertiffantes, faillit à mourir de rire de ce fpectacle; mais lors qu'il y eut vne perdrix mife en vere, il n'y eut perfonne de tous ceux qui eftoient au tour du camp des combatans, qui ne fe pâmaft de rire, & ne s'en tint les coftez côtre la tapifferie. Il y auoit defia deux perdrix grifes & vne rouge de retirées; & la quatriéme appartenoit à la plus jeune des Demoifelles, qui n'eftoit pas refoluë de fe retirer fans auoir son bien. Or comme elle estoit assez estourdie, & boüillante naturellement, cet empressement la troubla de sorte, que pensant auoir trouué sa perdrix rouge, enuelopée dans la chemise du Seigneur Anselme, elle tira tout autre chose que cela, & ce fut auec tant de violence, que le Nain perdit alors toute sorte de respect, & des filles de condition qui le gouspilloient, & du Seigneur qui les voyoit faire : il sangla brusquement le visage de celle-cy, auec son petit baston d'ébeine, afin de luy faire quitter prise, & n'ayant plus affaire qu'à elle, il se remit sur pied, recacha sa chemise dans ses chausses, & s'en alla auec la quatriéme perdrix. La petite fille le suiuit iusques sur le degré, pour essayer d'obtenir par humbles prieres, ce qu'elle n'auoit pû emporter par force ; mais elle ne receut du Nain que des injures & des maudiſſons. Pour nous, qui demeuraſmes dans la ſalle ; ce fut auec vne ſi grande ſuſpenſion de nos ſens; qu'on nous euſt bien pû foüiller par tout, sās que nous euſſions eu le moyen de nous en apperceuoir, ny la force de nous defendre ; tant noſtre rate s'eſtoit eſpanoüie ſur ce ridicule accident.

COMME LA DAME DV
Chasteau mal-traitoit le Secretaire de son mary pour vanger la honte du Nain.

CHAPITRE XXVII.

TOut le monde ne cessa de rire le reste du iour, excepté la Dame du Chasteau, qui estoit vn esprit seuere & chagrin : lequel s'aigrit contre sa petite cousine, iusqu'à luy vouloir faire donner le foüet, si son mary ne l'en eut point empeschée. Elle auoit le Nain en grande estime, & passant legerement sur son audace, & sur sa friponnerie, elle ne s'arrestoit que sur la hardiesse de ses cousines. Il y eut vn procez verbal tout formé de cette maluersation commune, qui ne fut iamais bien decidé, ie blâmay la plus grande des Demoiselles, d'auoir violé le serment qu'elle m'auoit fait de ne rien dire du secret que ie luy auois confié; elle disoit pour raison, qu'elle n'en auoit aussi rien dit à personne, & qu'elle n'eust pas fait semblant de sçauoir où estoient ses perdrix, si elle ne l'eust point appris d'vn autre: mais que voyant courir sa cousine vers le Seigneur Anselme, elle auoit esté brusquement inspireé d'en faire autant. Voila comment cette belle fille se purgea de cette accusation, mais pour moy ie ne peus iamais me lauer de la piece que i'auois ioüée au Nain; encore que ce n'eust pas esté mon intention de luy nuire en façon quelconque. Il ne tarda gueres long-temps sans me rẽdre de mauuais offices auprés de la Dame de la maison: qui prit à tasche de me mal-mener autant qu'il luy fut possible. Cette femme rude & fascheuse, ne me pouuant commander autre chose que d'escrire, donnoit souuent d'importuns emplois à ma plume. Elle me faisoit quelquefois copier de vieux contracts, comme s'il n'y eust point eu de Clercs chez les Notaires : d'autres fois, pour prendre plaisir à me faire enrager, elle m'enuoyoit querir, afin de me dicter de longues lettres qu'elle écriuoit à quelqu'vne de ses fermieres : où elle ne parloit que du chanvre qu'on deuoit donner à filer; des pourceaux qu'il falloit tuër, auec la distribution qu'il falloit faire apres, de leurs boudins, & de leurs fressures, qui faisoient des articles à remplir deux ou trois feüilles de papier, d'vne escriture bien menuë. Apres ces penibles corvées elle ne passoit pas vn demy iour, sans chercher quelque sujet pour me gronder. Tantost ie m'estois leué trop tard, tantost ie n'estois point venu dans sa chambre pour voir si elle ne vouloit rien faire escrire : vne autre fois mon colet n'estoit pas bien, ou mes cheueux me venoient trop auant sur le front; tellement qu'elle me trouuoit fait comme les voleurs, qui viuent dans les bois. Le lendemain ie faisois le propre, & trenchois du suffisant. Enfin, il y auoit toûjours quelque chose à reprendre en mon habit, en ma façon, ou bien en mes mœurs. Ie m'apperceus bien que ces petites riotes tiroient leur origine des mauuais offices que me rendoit le petit homme : & ie l'auertis de ne continuer pas à me desobliger, s'il ne vouloit que ie luy rendisse la pareille. Mais ce petit traistre qui estoit encore outré de despit d'auoir esté surpris en flagrant delit à la veuë de tant de personnes; ne voulut point parler de paix auec moy. Ie me seruis lors pour me conseruer d'vne contrebaterie merueilleuse.

COMME LE NOVVEAV Secretaire secaüa le joug de la tyrannie de sa Maistresse.

CHAPITRE XXVIII.

VN iour que le Seigneur du Chasteau eut pris quelque plaisir à m'entretenir sur les bons liures que i'auois leus, & sur le fruict que i'en auois retiré; me demandant beaucoup de choses curieuses, soit de la Fable, ou de l'Histoire, qu'il n'ignoroit point, ayant esté fort bien instruit aux lettres humaines, & autres plus hautes sciences. Il s'auisa de s'enquerir, si ie ne viuois pas content dans sa maison, & s'il y auoit quelque chose qui me manquast, afin de donner ordre à me satisfaire : ie luy respondis, que ie m'estimerois heureux à son seruice, & ne voudrois pas changer ma condition auec celle de personne du monde, n'estoit que i'auois dans son logis vn ennemy qui me persecutoit beaucoup, encore qu'il fust si petit que i'auois honte de m'en plaindre : il me demanda qui c'étoit ; ie luy respondis que c'estoit le Seigneur Anselme, & luy racontant tous mes griefs, ie luy fis vne naïfue & fidele relation de la querelle du coq d'Inde, & de sa cruelle mort, sans oublier que le Nain en auoit vsé comme les Topinamboux, & les Margajats, qui font bonne chere de leurs ennemis, quand ils les peuuent auoir morts ou vifs. Le bon Seigneur ne put entendre ce plaisant recit, sans que les larmes luy vinssent aux yeux à force de rire, & m'ayma depuis toute sa vie.

Il

DISGRACIE'.

Il donna des ordres sur le champ pour faire qu'vne autre personne escriuit pour Madame; & la pria deuant moy, de ne m'employer plus à ces choses, luy disant que i'auois assez à faire d'escrire, & lire pour son propre fait: car ie lisois tous les iours quatre heures deuant ce bon Maistre, deux heures le matin, pour le diuertir, & deux heures le soir pour l'endormir.

II. Partie.

*D'VNE FARCE DONT VN
Iardinier voulut estre.*

CHAPITRE XXIX.

CE tesmoignage de l'affection de mon Maistre ne fit qu'augmenter l'auersion que sa femme auoit pour moy; mais ie n'en ressentis pas si-tost les effets, & pour m'affermir du costé de ce bon Seigneur, il n'y eut rien que ie n'inuentasse. Bien souuent, ie luy contois quelque auanture nouuelle, que i'auois apprise; d'autresfois, c'estoit vne vieille histoire renouuelée que i'auois prise; ou dans le decameron de Bocace, ou dans Straparole, Pauge Florentin, le Fugilosio, les Serées de Bouchet, & autres Autheurs, qui so sont voulu charitablement appliquer à guerir la melancholie. I'employois quelquefois deux ou trois Pages, & autant de jeunes Officiers de la maison, pour representer les soirs deuant luy quelque espece de Comedie, dont i'auois ajusté les paroles, selon la force de mon esprit. Ie sçay bien que nous luy donnasmes beaucoup de plaisir, en introduisant vn nouuel Acteur en cette troupe. Ce fut vn gros garçon Iardinier qui auoit à demy refusé des raues & des artichaux à desieuner, par vn mescontentement qu'il auoit de n'être pas employé dans les jeux, dont nous diuertissions nostre Maistre. Nous fismes semblant de l'associer auec nous, & representasmes le soir la farce d'vne accouchée, dont ce personnage joüa l'enfant : ce ne fut pas vn petit diuertissement à nostre Maistre de voir ce gros coquin emmailloté, & ayant les bras ſerrez eſtroittement contre le corps: quand on le tira de deſſous la iuppe qu'auoit priſe vn jeune Page que la Concierge du logis auoit coiffé de nuict fort plaiſamment. Sur tout quand l'enfant vint à crier d'vne façon qu'il auoit eſtudiée, & que la Nourrice qui tenoit vn poëſlon de boüillie, luy en euſt flacqué deux ou trois poignées dans le viſage. Le maraut d'enfant, voulut jurer ſur ce qu'il en auoit eu dans les yeux, mais à meſure qu'il ouuroit la bouche, on la luy rempliſſoit de tant de boüillie, qu'elle eſtouffoit ſes violentes imprecations. Noſtre Maiſtre rit extrémement de cette ridicule comedie; tout le monde en approuua l'inuention, fors la Maiſtreſſe du chaſteau, qui ne s'y trouua point diſpoſée à cauſe de la hayne ſecrete qu'elle auoit pour moy: de plus, elle tesmoigna se scandaliser fort de ce que le jeune Cuisinier qui faisoit le mary de l'accouchée, auoit dit, sans penser qu'elle fut presente à la naissance de son enfant, *Voila un fort beau garçon, il a desia du poil au derriere.* Cette parole n'estoit pas respectueuse, mais vne Dame de condition, & de son aage, eut mieux fait de faire semblant qu'elle ne l'auoit pas entenduë, que d'en gronder trois ou quatre heures, & de feindre d'en'estre malade, comme elle fit auec des grimaces ridicules.

D'VNE MEVTE DE mâtins qui fut laißée en gage dans vne hoſtellerie.

CHAPITRE XXX.

EN executant auec mes aſſociez ces plaiſans ſpectacles, ie m'inſinuois tous les iours de plus en plus aux bonnes graces de mon Maiſtre, mais cela ne faiſoit qu'irriter la mauuaiſe humeur de ma Maiſtreſſe : I'eſtois vn Mome, qui diuertiſſois agreablement mon Iupiter, mais qui ne pouuois agréer à ma Iunon. Cependant ce faſcheux obſtacle, qui s'oppoſoit à ma felicité, ne me mettoit pas beaucoup en peine, cela n'empeſchoit pas que ie ne joüaſſe tous les iours à la paulme, au billard,

& quelquefois aux cartes, & aux dez, quand il s'en prenfentoit occafion. Bien fouuent ie prenois vn fufil, & m'en allois dans le bois prochain pour y tirer quelque lievre, & par hazard quelque fanglier : l'ardeur que i'auois pour la chaffe, & ie ne fçay quelle conformité d'humeurs, me firent faire vne grande focieté auec vn petit chaffeur, qui eftoit des habitans du bourg, homme facetieux, & plaifant, s'il en fut iamais au monde, & qui n'auoit point mal eftudié. C'eftoit vn homme qui auoit deux ou trois mille liures de rente, & qui ne preftoit point à vfure. Il faifoit boire liberalement à fes amis douze ou quinze pippes de vin, qu'il recueilloit tous les ans, & ne demandoit rien qu'à rire & faire bonne chere. Celuy-cy me vint inuiter vn iour d'aller auec luy faire vn tour iufqu'à vne certaine ville, qui n'estoit esloignée du chasteau que de sept ou huict lieües au plus. J'obtins facilement de mon Maistre la permission de faire ce petit voyage, & nous montasmes tous deux à cheual portans chacun vn fusil, & menans auec nous vne excellente chienne couchante: Apres auoir tué quelques perdrix l'vn apres l'autre, & perdu l'esperance d'en trouuer plus sur nostre chemin, nous nous mismes à nous entretenir sur quelque matiere de Philosophie, où nous auions l'esprit si fort attaché, que nous ne prismes pas garde que nostre chienne qui estoit en chaleur, se faisoit des amans dans tous les villages par où elle passoit; & les faisant courir apres elle grossissoit sa cour incessament. Si bien que lors que nous arriuasmmes dans la ville, où mon chasseur auoit affaire, nous auions plus de vingt-cinq chiés apres nous. La Maiſtreſſe de l'hoſtellerie où nous allaſmes deſcendre, creut que tous ces animaux eſtoient à nous, & nous demanda d'abord ſi nous n'auions point de valets de chiens, & de quelle ſorte nous deſirions qu'elle traitaſt noſtre meute. A ce mot de meute, nous tournaſmes la teſte, & voyant ce qui la trompoit, nous fiſmes en meſme temps deſſein de la laiſſer en cette créance. Mon camarade luy dit qu'il falloit les enfermer dans l'eſcurie, mais l'hoſteſſe trouua plus à propos de les faire coucher ſur quelques bottes de paille, qu'elle eſpancha dans vne petite ſalle où il n'y auoit que les quatre murailles. Cependāt nous donnaſmes ordre qu'on adjouſtaſt toutes les perdrix que nous auiōs apportées, à la bonne chere qu'on nous vouloit faire, & laiſſaſmes noſtre cheinne couchāte en l.

compagnie de ces mâtins de toute taille, dont elle auoit esté suiuie.

Le lendemain, lors que toutes nos affaires furent faites, nous allasmes faire sortir nostre animal de la prison où nous l'auions fait renfermer, & laissasmes là tous les autres pour les gages. Apres auoir fait compter l'hostesse, qui nous demandoit plus d'vn escu pour la couchée, & la nourriture des chiens, nous luy dismes qu'il viendroit bientost vn valet auec vn Cor de chasse fait d'vn telle façon, qui payeroit tout en venant querir la meute. Ainsi nous partismes sans bourse deslier, apres auoir fait bonne chere, & nostre hostesse ne manqua point à faire faire reglément deux fois le iour de grands potages pour la meute. Cependant tous ces chiens qui ne se connoissoient point les vns les autres, & qui n'auoient plus tien qui les attachast; commencerent à s'ennuyer de se voir ainsi renfermez, & le tesmoignerent toute la nuict, par des hurlemens horribles. On enuoya de toutes les maisons du voisinage à l'hostellerie pour sçauoir s'il n'y auroit pas moyen de faire cesser ce bruit: mais l'hôtesse importunée de ces messages, autant que de l'aboy des chiens, respondoit brusquement qu'il falloit auoir patience, & que c'estoit la meute d'vn grand Seigneur, qu'on viendroit querir le lendemain. Il se passa pourtant trois ou quatre iours, sans qu'on luy en demandast aucune nouuelle, & les chiens demy-enragez continuoient tousiours à faire vn si grand tintamarre, que tout le monde en estoit espouuenté. De bonne fortune pour l'hostesse, il y eut en vn iour de marché quelques païsans curieux de voir les animaux qui se faisoient si bien entendre : qui monterent dessus vne pierre, & regardans par la fenestre dans cette salle, y reconnurent à mesme temps, leurs chiens qu'ils auoient perdus, & ceux encore de leurs voisins. Ils se voulurent adresser à l'hostesse pour les r'auoir, jurants que c'estoient des chiens qu'ils auoient nourris en leur maison, mais l'hostesse se moqua bien de leurs serments, croyant toûjours que c'estoit la meutte d'vn grand Seigneur. Tellement qu'il fallut plaider, & l'hostesse qui fut condamnée à mettre en liberté des chiens qui ne luy donnoient point de repos, & ne luy auoient apporté aucun profit, eut son recours contre le petit chasseur. Lors que ie recitay cette auanture à mon Maistre, il se pasma presque de rire, sa rate s'espanoüit encore dauantage, quan ie luy fis voir la copie de la Sentence qui auoit esté donnée contre l'hostesse, sauf son recours contre nous, le bon Seigneur enuoya vingt escus à l'hôtesse, qu'elle demandoit pour tous frais, & me donna liberalement quatre des plus beaux habits de sa garderobe, & quelques pistoles pour passer mon temps.

DE QVELLE SORTE GELAZE fit rompre vne iambe à Maigrelin.

CHAPITRE XXXI.

IL me souuient que peu de temps apres, ce petit chasseur, de qui i'ay parlé, & que ie nommeray Gelaze, fit vn traict de raillerie peu agreable à vn autre beaucoup plus petit homme, qui pour la legereté de sa taille mince, estoit surnommé Maigrelin. Ces deux personnages se promenans vne apres disnée ensemble le long de la muraille d'vn iardin, Gelaze apperceut de belles cerises à vn arbre, dont quelque branche pendoit du costé du chemin, & fit enuie à Maigrelin d'en manger:

tous deux à la faueur de la branche pendante firent plier le cerisier de leur costé, & lors Gelaze qui estoit fort & robuste, & qui auoit toute la peine de cet ouurage, fit mettre à cheual Maigrelin sur le haut de l'arbre, comme pour le tenir mieux en estat, afin qu'ils peussent manger des cerises plus commodement; puis le voyant engagé comme il desiroit, le meschant lascha l'arbre tout à coup, qui se dressant auec violence, jetta Maigrelin dans le iardin sur vne table de pierre, où l'on alloit faire colation. Ceux de la maison & les conuiez qui virent ainsi tomber vne homme dans le milieu de leur iardin, creurent d'abord, que cela n'estoit arriué que par le ministere de quelque Demon. Et cherchans promptement le couuert, dans cette foudaine terreur, barricaderent leur porte sur eux. Cependant Maigrelin qui s'eſtoit rompu vne iambe, & tout écaché le nez en tombant, ne ceſſoit de crier à l'aide & miſericorde : enfin, Gelaze apres auoir ry tout ſon ſaoul en ſecret, vint frapper à cette maiſon, & les r'aſſeurer de leur effroy ; leur diſant à peu prés comme cet accident eſtoit arriué, hormis que pour deſguiſer ſa malice, il eſſaya de faire croire qu'vne branche qu'il tenoit luy eſtoit fortuitement eſchappée des mains, & auoit eſté cauſe de cette diſgrace, il en voulut faire les complimens à Maigrelin, qui ne les receut en façon du monde, & luy porta toûjours depuis vne extréme haine.

DISGRACIE'. 185

D'VNE BOVLANGERE qui creut deuoir estre penduë pour auoir brulé des cerises.

CHAPITRE XXXII.

MAigrelin fut trois mois au lit de cette auenture, & lors qu'il en put sortir, ce ne fut que pour aller de tous costez faire des ennemis à Gelaze : il fit ligue auec le Seigneur Anselme, contre toute la cabale des rieurs, que nostre Maistre maintenoit, mais qui ne plaisoient guere à nostre Maistresse, laquelle se nourrissoit dans vne fort fascheuse humeur, ne faisant tous les iours que gronder, & se mettre en colere contre le tiers & le quart. Gelaze qui ne craignoit rien estant appuyé comme il estoit, du Seigneur du lieu, s'auisa de faire vne piece assez plaisante à cette bonne & sage Dame. Il reuenoit vne apresdisnée du château, & resuoit fort profondement à quelque chose, lors que la Boulangere qui estoit vne pauure femme fort simple, le retira de ses pensées, en l'appellant par son nom, & luy demandant ce qui le rendoit si melancholique, luy qui auoit accoustumé d'estre si joyeux. Helas! mamie, luy respondit Gelaze, c'est pour l'amour de vous, que ie parois ainsi triste : n'auez-vous pas laissez brusler vne claye des Cerises de Madame dans vostre four? C'étoient des plus belles griotes du jardin. Madame en est tellement outrée de déplaisir, qu'elle a juré de ne boire ny ne manger, que vous n'en ayez esté chastiée exemplairement, vous & vostre mary : Est-il possible, reprit la Fourniere? ie vous répons que cela est trop vray, pour le bien que ie vous veux, repartit Gelaze, car vous me faites si grande pitié que j'en ay le cœur tout transsi, Monsieur dispute encore contre Madame à donner les mains pour vous faire punir; mais vous sçauez quelle puissance ont les femmes à persuader leurs maris : elle fera tant qu'il accordera sa priere, & vous serez pris prisonniers à mesme temps pour estre pendus deux heures apres. Comment pendus? dit la pauure femme, nous pendroit-on bien pour si peu de chose? que Madame nous fasse plutost payer dix francs. Ho ho, mamie, reprit Gelaze, vous montrez bien que vous ne sçauez gueres ce que c'est du monde, de dire que ce soit peu de chose de fascher les Grands : tous les iours, ils font pendre quand il leur plaist des gens bien plus haut hupez que vous, pour la valeur de cinq ou six sols, cela n'est-il pas moulé dans les Edits? Au reste, d'esperer d'en pouuoir sortir, en payant vne grosse amende, cela n'est pas trop asseuré: le meilleur pour vous & pour vostre mary, seroit d'essayer à vous sauuer en quelque lieu de la forest, en attendant que vos amis s'employent à moyenner vostre paix. Voila cette pauure Boulangere tellement espouuentée, qu'elle faillit à tomber de son haut de l'effroy qui la saisit à ces paroles: qui luy furent prononcées auec vne façon serieuse, & d'vn air qui sembloit compatir à son mal-heur. Le mary vint là dessus, qui ne fut pas moins facile à persuader que sa femme, tous deux apres auoir embrassé estroitement les genoux de Gelaze, & l'auoir supplié bien humblement auec larmes, de parler pour eux, durant leur absence, se resolurent à charger trois petits enfans, auec deux pains bis sur leur asne, & s'enfuyr ainsi dans les bois auant que d'estre apprehendez par la Iustice. Gelaze leur promit toute assistance, & cependant me vint auertir de la façon, dont il auoit joüé cette piece, me disant le reste de son dessein, que ie trouuay presque aussi hardy que risible. Ie ne peus voir passer sans pitié, ces pauures idiots auec leur chetif bagage, & fus tout prest de rompre tout, en les détrompant. Enfin, ie fus d'auis qu'vn valet de Gelaze les suiuroit de loin, & les feroit reuenir du bois lors que la nuict seroit venuë : les asseurant de leur grace. Ils eurent grãde peine à consentir de retourner à leur maison, & n'eust esté la consideration de leurs petits enfans, ie croy qu'ils eussent mieux aymé coucher dans les bois, que de se venir exposer à la potence qu'ils croyoient estre preparée pour eux. Ils passerent toute la nuict chez eux en de grandes alarmes, leur maisonnette estoit scituée sur le chemin par où l'on monte au chasteau, & chaque bruit qu'ils entendoient des passans, leur faisoit prester l'oreille auec crainte. Le matin Gelaze les alla voir, r'asseura aucunement leur esprit troublé, & leur dit qu'il estoit question qu'ils fissent vn coup de partie; qu'il auoit tant fait auec ses amis aupres de Madame, qu'elle estoit aucunement esbranlée, mais qu'il falloit acheuer le reste de l'ouurage, en s'efforçant de luy faire pitié: que pour cet effet il les accompagneroit à la porte de sa chambre afin qu'ils se jettassent auec leurs enfans à ses pieds, pour luy demander humblement pardon. Mais qu'il faloit en cette occasion crier & pleurer de bonne sorte. La pauure Fourniere & son mary se resolurent à faire tous leurs efforts pour se tirer de cette peine, & ne manquerent pas de venir en Corps attendre nôtre Maistresse au passage, à l'heure qu'elle deuoit aller de son appartement, à celuy de son mary. La moitié des gens du chasteau, qui ne sçauoient rien de l'intrigue, se tinrent auec les affligez, par curiosité d'apprendre ce qu'ils demandoient ainsi esplorez; n'en ayant iamais pû rien tirer de leur bouche. Si bien que lors que nostre Maistresse sortit de sa chambre, elle fut surprise de voir le vestibule si plein de personnes; n'en pouuant imaginer l'occasion. Mais lors que le Fournier, sa femme, & les enfans se vinrent jetter à ses pieds en luy criant misericorde, elle s'épouuenta tout à fait. Les cris auoient esté concertez à vn si haut ton, & la Fourniere fit si bien jouër tous les instrumens de sa grace, marchant de toute sa force sur le pied d'vn de ses enfans, & pinçant les bras d'vn autre qu'elle portoit, afin de luy faire garder la mesure: qu'on n'entendit iamais rien de tel. Nostre Maistresse voulut deux ou trois fois parler, pour demander ce que c'estoit; mais les timides complaignans estoient en trop bonne humeur d'essayer à luy faire pitié, pour s'arrester en si beau chemin: les clameurs redoublerent toûjours, auec des tons aigres & discordans, tout ce qui se put : & la bonne Dame à qui s'adressoient tous ces cris en eut de tremblemens d'effroy, qui ne la quiterent de plus de trois heures. Enfin , tout ce qu'on put discerner des mots intelligibles, parmy cette grande confusion fut, *grace, Madame, misericorde, que nous ne soyons*

soyons point pendus. Ce qui ne fit qu'accroistre l'émotion de nostre Maîtresse, apres vne grande heure de desordre & de bruit, où personne ne s'entendoit, la Dame du logis reprit ses sens, & demanda tout de noueau, quel sujet on auoit de recourir à elle auec tant de larmes; & la Fourniere luy dit ingenuëment que c'estoit pour le crime de la claye des griotes bruslées au four. Ce qui la rendit comme interdite au commencement, & la mit apres en vne si grande cholere, que si les loix eussent esté aussi rigoureuses que Gelaze l'auoit fait accroire à ses paures hebetez, il eust esté pendu luy-mesme dans deux heures. Toutes les personnes qu'elle aymoit, approuuerent son ressentiment, & ne firent autre chose que de mettre de l'huile au feu. Cependant, nostre ca-

II. Partie. I

bale agit en faueur de Gelaze, & fit excuſer prés de noſtre Maître, cet indiſcret effet de ſon humeur plaiſante & gaye,

DU CHAT QUI AVOIT
mangé le moyneau d'vne Demoiselle
de la Maison.

CHAPITRE XXXIII.

DVrant ces pieces que faisoit Gelaze, i'estois occupé à escrire quantité d'expeditions pour mon Maistre, qui s'estoit embarqué dans l'entreprise d'vne guerre aussi chimerique en effet, qu'elle estoit glorieuse en apparence. Le temps que ie pouuois dérober à ces continuelles occupations, estoit ordinairement employé à rendre des soins à vne Demoiselle de Madame, grande fille honneste & douce, qui sembloit n'auoir pas la hardiesse de pouuoir dire ouy ny non. I'auois acquis quelque place en ſes bonnes graces, & la franchiſe dont elle reſpondoit à mon affection, m'auoit donné quelque tendreſſe pour elle. Vne apreſdiſnée que ie l'allay trouuer en vn certain petit cabinet où elle eſtoit demeurée ſeule, ie la ſurpris toute eſplorée & regardant auec de grandes marques de regret, la queuë d'vn moyneau qu'elle tenoit eſparpillée en ſa main. Ie luy demanday quel eſtoit le ſujet de ſes larmes, & ſceus que c'étoit qu'vn chat d'Eſpagne là preſent, à qui elle auoit montré ſon oyſeau, comme en le brauant, l'auoit hapé ſi ſubtilement, durant ce moment, qu'il ne luy en eſtoit reſté que la queuë. Me voila auſſi toſt dans la compaſſion de cette diſgrace, & dans les proteſtations de la vanger de cet affront, ſi elle le iugeoit à propos. Cette fille qui estoit trop craintiue pour donner les mains à la mort du chat, me dit qu'elle seroit satisfaite pourueu que sans le faire mourir nous trouuassions quelque moyen de luy rendre quelque desplaisir. Voicy l'inuention que ie trouuay pour le tourmenter, & m'acquerir par ce moyen les bonnes graces de la Demoiselle. Ie pris vn souflet qui pendoit au coin de la cheminée ; j'entay fort adroitement dans le bout du souflet vn tuyau de plume, & fis prendre le chat à ma nouuelle Maistresse, qui l'enuelopa dans son tablier, de peur d'en estre égratignée, là dessus i'insinuay le tuyau de plume en son derriere, & joüay si long-temps du souflet, que le chat deuint aussi gros qu'vn mouton, la Demoiselle le mit par terre, pour voir quelle seroit sa posture, qui fut fort affreuſe, ne ſe pouuant tenir ſur ſes pates, & les yeux luy ſortans preſque de la teſte à cauſe de cet effort. Sur ces entrefaites, la Dame du chaſteau entra bruſquement dans le cabinet, & ſoupçonnât quelque choſe de mauuais à voir nos viſages troublez, jetta enfin les yeux ſur ſon chat, qui ſembloit marcher ſur des eſchaſſes. A cet objet elle fit vn cry capable d'allarmer tout la maiſon, & tomba comme éuanouye ſur vn lict prochain : Lors qu'elle fut reuenuë de cette foibleſſe, elle fit de grandes & violentes perquiſitions de la cauſe de cette prodigieuſe enfleure, qu'elle apperceuoit en ſon chat, & voyant que la Demoiſelle vacilloit en ſes reſponſes, elle la preſſa de ſorte que la pauure innocente qui n'eſtoit pas accouſtumée à mentir, luy declara naïfuement comme la chose estoit auenuë. A ce recit Madame se mit dans le lict, criant iustice contre moy. Monsieur son mary, qui n'estoit pas encore infarmé de la chose, fut deux ou trois heures à la supplier, de luy dire le sûjet de son mal-talent, mais elle ne foisoit rien que dire *ce, ce, ce, ce, Meschant*, & puis entre-coupant ces mots de quelques sanglots estoit vn quart-d'heure apres à dire. *Ah! que ie suis miserable & infortunée.* Enfin quelque femme de chambre, à qui la Demoiselle que i'aymois auoit conté toute l'histoire, tira doucement mon Maistre par le bras, pour l'informer de cet accident: qu'il trouua tellement ridicule, & si peu digne de ces grandes lamentations, qu'il en tansa fort Madame sa femme : cela ne fit rien qu'aigrir encore sa mauuaise humeur, & la faire pleurer tout le soir.

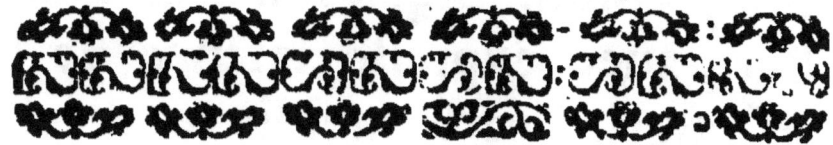

QVELLE PVNITION
receurent le Page & la
Demoiselle.

CHAPITRE XXXIV.

Mon Maistre importuné de ses plaintes, luy voulut enfin donner quelque satisfaction : mais ce ne fut pas en la maniere qu'elle souhaittoit, car elle eut bien desiré qu'on nous eust mis hors de la maison sa Demoiselle & moy. Ce bon Seigneur voulut rendre le châtiment conforme à l'offence, & s'imagina sur le champ vn plaisant artifice. Pour cet effet, il enuoya querir vn Peintre assez habile en son art, qui trauailloit à l'embellissement d'vne galerie du chasteau,

& luy communiqua son secret dessein, auec expresse defence de le descouurir à personne. Et cet Apelle de campagne, bien instruit de ce qu'il auoit à faire, vint le lendemain dans la chambre des filles, & pria vne sobrette du logis de s'asseoir dans vne chaise en vne certaine posture; disant qu'il vouloit tirer vn esquisse pour asseoir de la mesme sorte vne Diane qu'il vouloit peindre en la galerie. Si-tost qu'il eut commencé son dessein, l'on vint appeller la sobrette, comme pour aller parler à Madame: & le Peintre prit de là occasion de supplier la Demoiselle que i'aymois, de se vouloir mettre en sa place pour vn quart-d'heure seulement. La fille fut si fort innocente qu'elle y consentit : & de cette façon se laissa peindre au naturel. Ie fus surpris presque de la mesme sorte;

& sans sçauoir que ie consentois paisiblement à mon supplice, ie laissay tirer mon portraict en porfil à costé de cette Nimphe. Quelque temps apres, le mesme Artisan me pria deluy prester vn de mes habits sans dire pourquoy c'estoit faire; & deux ou trois heures apres, il mit en veuë les portraicts de la Demoiselle, & de moy, elle tenant le chat d'Espagne isabelle & noir enuelopé dans son tablier, & moy en vne posture ridicule, soufflant au derriere du chat. A ce spectale ceux de la Maison ne furent pas seulement appellez, mais encore tous ceux du bourg. On nous fit venir la Demoiselle & moy en la presence du Seigneur & de sa femme pour nous faire contempler cette peinture, dont nous eusmes autant de honte que si l'on nous eust fait voir pendus en effigie. La jeune

DISGRACIE.

innocente en pleura soudain de despit, & pour moy i'en grinçay les dents de colere, & ne le garday pas long-temps au Peintre, ne pouuant m'en prendre qu'à luy.

PETITE VENGEANCE du Page.

CHAPITRE XXXV.

JE ne fus pas long-temps à trouuer l'inuention d'effacer nos ridicules portraicts de dessus cette toile infame, encore qu'on fit la sentinelle alentour. Ie trempay vne petite esponge dans vne composition bruslante & la donnay à la plus grande des cousines, qui sembloit auoir quelque honneste compassion de la honte que l'on me faisoit; & cette fille prit son temps pour la passer sur les deux visages, qu'on auoit ainsi exposés à mon infamie:

mais pour me vanger du Peintre, dont j'auois receu cet affront, ie me souuins de mes tours de Page. C'étoit vn homme glorieux & vain, qui ne viuoit que de fumée, & des fausses loüanges qu'on luy donnoit. Il auoit copié cinq ou six ans sous de bons Peintres, & croyoit estre aussi sçauant que ses Maistres: il faisoit grand cas d'vn certain liuret, où quelques illustres de la Cour de Henry III. estoient tirez à la sanguine dans des ovales, & pour montrer qu'il sçauoit quelque chose de l'Histoire, & de la souche des maisons, il auoit escrit au dessus, en vne cartouche, le nom de celuy qui estoit representé auec le nom de celuy dont il descendoit. En suite de ces personnages de naissance, & de haute vertu, il auoit esté si sot que de placer quelques-vns de ses patens, & toute sa petite famille, jusqu'à vn enfant de neuf ou dix ans, qui luy estoit mort en cet aage là, & dont il parloit comme de quelque personne illustre. Vn iour qu'il auoit laissé son liure en la chambre de mon Maistre, qui vouloit en faire tirer quelque portraict, ie feüilletay l'endroit où estoit celuy du Peintre & en suite celuy de son fils, ie m'auisay qu'il auoit eu honte de mettre son nom tout au long dans cette cartouche, & n'auoit rien escrit, sinon *Cretofle fils de.* Ie pris incontinent vne plume, & changeant le dernier e en v, i'escriuis *du plus grand sot qui soit en France*, apres ce traict ie quittay le liure, & comme ie le vis prendre à vn jeune Comte de gentil esprit, neueu de mon Maistre, ie luy fis adroitement voir

DISGRACIÉ. 207

cet endroit, & par ce moyen toute la maison rit en suite de ces sottises, apres auoir ry de ma complaisance enfantine.

AMBASSADE DV PAGE
vers un vieux Caualier grotesque, & quelle reception on luy fit.

CHAPITRE XXXVI.

LE liure du Peintre apostillé, & son tableau d'ignominie effacé, causerent de grandes rumeurs dans le chasteau; mais mon maistre qui me protegeoit, me garentit de toutes sortes de menaces, ce furent des abois importuns, qui ne me firent point de mal. Ce Seigneur eut soin non pas seulement de me sauuer de cet orage, mais encore de m'enuoyer en vn lieu d'où ie n'en pouuois oüir le bruit. Il m'auoit souuent fait raconter ce que i'auois veu de la vie de ce grand Poëte que i'auois seruy, apres m'auoir remis sur ce propos, il luy prit enuie de me faire connoistre vn Gentil-homme de qualité, qui n'étoit gueres moins vieux que cetuy-là, estoit encore plus sain de corps; mais estoit bien esloigné d'estre si sage. C'estoit vn homme de bonne naissance, riche de quatorze ou quinze mille liures de rente, qui auoit seruy Charles IX. Henry III. & celuy qu'auec toute sorte de iustice on appelle Grand. Mon Maistre prit la peine de luy éscrire vn mot, afin de me donner occasion de voir vn personnage si ridicule : & ce fut à la charge que ie ne perdrois rien de ses paroles & de ses actions, qui luy peussent donner sujet de rire à mon retour. Auec sa dépesche, i'allay voir le petit homme, qui receuoit de l'argent de ses fermiers, & leur disoit tant de folies que ie ne m'ennuyois point de la longeur de ses comptes. Apres qu'il eut congedié ses gens, & qu'il eut serré son argent dans vn buffet, on luy dit qu'il y auoit vn ieune homme qui demandoit à luy parler, & qui estoit chargé de lettres de ce grand Seigneur son voisin. A cet aduertissement il fit tourner sur sa teste vne petite barrette de trippe de velours noir, qu'il portoit, il y auoit plus de trente cinq ans : & iurant vn sang vertugoy, demanda brusquement où est-il ? Ie m'aduançay pour luy faire la reuerence, & luy presentay mes lettres qu'il leut sans lunettes. Ie ne sçay ce qu'il y auoit dedans en ma faueur, mais ie sçay bien qu'il vint m'embrasser auec vne pareille violence, que s'il eust voulu m'estouffer. Les boutons d'argent doré, qui estoient attachez à son grand busc fait à l'antique, m'entrerent fort auant dans le ventre, & i'étois sur le point de le frapper, s'il ne m'eust lasché, comme il fit. Apres des caresses extraordinaires, il se mit à me regarder fixement, puis il s'escria d'vne façon riante & gaye. Ah! cher amy, ie ne vous reconnoissois pas sang vertugoy ie me ressouuiens fort bien comme nous beusmes ensemble dans le chapeau d'vn soldat à la bataille de Moncontour, quand ce tonneau fut defoncé, que croyons qui fut de vin, & qui n'estoit que de cidre, sang vertugoy, vous n'estiez pas au seruice de l'Amiral, & ie gagerois bien sur ma vie que vous n'estes pas huguenot. A tout cela ie ne répondois que par signes, outre qu'il ne me donnoit pas le loisir de parler, ce qui le confirmoit dautant plus fort en sa creance.

Comme nous estions en conuersation, il entendit quelque bruit, & lors comme s'il eust apprehendé quelque ennemy, il courut vers sa cheminée pour se saisir d'vn vieux espieu. Ie ne voulus point l'abandonner en ce transport, quoy que personne de ses gens ne s'en émût. Et ie vis qu'il couroit dans son iardin: comme nous fusmes prés d'vne muraille, il se mit à faire des moulinets de son épieu, criant toûjours, qui viue qui viue. Pour moy i'ouurois les yeux fort grands, pour voir à qui il en vouloit, mais ie n'apperceuois rien que des arbres. Enfin le bon petit personnage reuint à moy tout remis, & me dit que nous pouuions nous en retourner, & que cette alarme estoit fausse. Ie luy demanday quels estoient ces ennemis, qu'il vouloit receuoir auec tant de hardiesse. Il me res-

DISGRACIE.

pondit en iurant son sang vertugoy, que c'estoient de certains larrons de ses voisins qui sçachans qu'il auoit d'excellentes poires, tant de bergamote que de bon chrétien, passoient secrettement par dessus les murailles de son iardin, pour les venir desrober, & que depuis peu on luy auoit appris vn secret qui les mettoit en grande peine, & le tenoit fort éueillé, c'est d'attacher comme il me montra des ficelles à toutes les branches des arbres, auec quantité de sonnettes, si bien qu'ils ne pouuoient plus toucher à ses fruits, sans qu'ils fissent branler les sonnettes. Et luy, dés que quelque oyseau s'alloit percher sur les arbres de son iardin, couroit aux armes pour surprendre & punir les voleurs de poires. Apres ce discours il commanda qu'on apportast la collation, & le Caualier antique, beut deux ou trois bons coups à la santé des bons seruiteurs du Roy. Parmy cela il luy venoit toûjours de fausses reminissences de l'équipage qu'il m'auoit veu, disoit-il, à la bataille de Coutras, ou à la reprise de S. Denis. Tantost il me demandoit ce que i'auois fait de ce grand cheual gris pommelé, dont le beau Giury témoignoit auoir si grande enuie : d'autrefois il me demandoit si ie n'auois pas eu grand peur aux barricades de la saint Barthelemy. Apres toutes ces remarques, qui n'estoient nullement à mon vsage, il s'auisa de prendre garde à mon manteau, que ie repris en sortant de table. Il me dit en le maniant qu'il n'estoit pas assez beau pour moy, & iura qu'il m'en vouloit donner vn autre qui me sieroit beaucoup mieux que celuy-là. En effet il fit apporter vn trousseau de vieilles clefs, par la plus apparente de ses seruantes, & monta dans vn galetas, où estoient ses coffres. Il en fit ouurir vn qui deuoit luy auoir esté legué en testament par ses Ayeux, tant il estoit vieux & pourry. Du creux de cette vieille biere, il fut tiré douze ou quinze paires d'habits, auec lesquels on auroit pû aller en masque, & faire peur aux petits enfans, tant ils estoient de mode bizarre, déteins & desfigurez : la plus-part estoient en broderie, ou couuerts de clincant d'argent, mais le mauuais air, & la vieillesse l'auoient tellement noircy, qu'il n'y auoit plus aucune apparence de richesse, ny de beauté. Entre ces antiques haillons, ce Caualier choisit vn manteau doublé de pluche longue comme le doigt, si vermouluë, & si pleine de teignes, que i'auois horreur de la voir, le dessus possible auoit esté de velours, mais i'aurois donné aux plus raffinez connoisseux à deuiner de quelle couleur. Ce fut de ce beau manteau qu'il m'afflubla, quelque resistance que i'aportasse au contraire, *sang vertugoy, mon cher amy*, disoit-il apres, *vous estes tout vn autre personnage, que vous n'estiez auparauant, n'est-il pas vray, poursuiuoit-il en s'adressant à sa Gouvernante?* La bonne femme disoit ouy par complaisance, & me faisoit apres entendre par les grimaces qu'elle me faisoit, que son Maistre estoit vn fou acheué. Ainsi nous descendismes dans la salle, où nous ne fusmes pas sitost arriuez, qu'il me remit sur le discours du cheual gris pommelé, qu'il m'auoit veu monter à la bataille de Coutras. Il luy prit vne imagination que ie pourrois bien l'auoir encore, voyant que ie soû-

riois.

DISGRACIÉ.

riois à ce propos; là dessus il vint m'embrasser, & me pria de luy faire voir mes cheuaux. Nous allasmes à l'escurie, & l'on en fit sortir mon cheual, qui n'estoit point vn cheual de bataille: le Caualier ne laissa pas de le trouuer bien ioly, mais il trouua à redire à la selle, qui estoit à l'Angloise, & témoigna se scandaliser extrémement de cela.

Quoy sang vertugoy mon cher amy (me dit-il) estes-vous quelque Espion de cette maudite engeance, de cette cruelle Elizabeth, qui est si digne de la haine des bons François? défaites-vous de cette selle, & promptement: ie suis d'auis qu'on l'aille jetter dans quelque bois, ou qu'on l'enterre en quelque lieu, de peur que vous n'en soyez en peine, ie veux vous accommoder d'vn autre harnois. Il estoit extrémement dispost en cet aage, & dans le zele qu'il témoignoit auoir pour moy, il se transporta presque en vn instant au galetas dont nous estions descendus, pour y chercher dequoy m'accommoder mieux. Il fit remuer quantité de basts de mulet entassez pesle mesle auec de vieilles selles de guerre, & trouua bien-tost mon fait. Ce fut vne vieille selle à picquer, couuerte d'vn velour aussi vsé que son manteau, & toute semée de clouds, qui auoient esté autresfois dorez, mais qui estoient deuenus aussi noirs que si on eut pris plaisir à les vernir. La selle fut apportée en bas auec diligence, & par le commandement de ce Caualier, elle fut mise sur mon cheual.

Les tourettes que portent les Elephans ne paroissent pas plus éleuées sur leur dos, que cette machine paroissoit sur celuy de mon bidet, c'étoit pour luy tout au moins vne demie charge. Cependant le liberal Seigneur, qui s'empreſſoit ſi fort pour me la donner, trouuoit qu'elle luy eſtoit fort propre, & m'obligea de l'eſſayer. I'eus beaucoup de peine à m'enchaſſer dans cette grande ſelle à picquer, & lors que i'y fus poſé ie donnois preſque du menton contre le pommeau. Ie voulus faire auancer mon cheual ; mais au premier pas qu'il fit, la ſelle luy tourna ſous le ventre, & ie faillis à tomber. Le Seigneur croteſque, prit de là pretexte de faire reporter ſon preſent en ſon galetas, diſant qu'il vouloit donner ordre qu'on me r'accommodaſt la ſelle, & le manteau qui ne m'alloit pas aſſez bien à ſa fantaiſie. Apres auoir eu le plaiſir des extrauagances de ce vieux fou, ie reuins trouuer mon bon Maiſtre, que ie fis rire iuſques aux larmes par la relation de ces auentures. K ij

DEPART DV PAGE, ET la societé qu'il eut auec d'illustres Escoliers.

CHAPITRE XXXVII.

Cependant qu'à la faueur de tous ces objets diuertissans, i'essayois de pallier vn mal qui me tenoit en la memoire, vne depesche suruint à mon Maistre, qui nous obligea de dire adieu à tous les plaisirs de la campagne. Vn grand Prince duquel il auoit l'honneur d'estre allié, le conjura de le venir trouuer promptement dans vne superbe ville, où l'on ne traittoit pas de petites affaires. Mon Maistre, comme ie vous ay desia dit, estoit vn Seigneur habile & sçauant, dont le conseil estoit estimé. C'est pourquoy le Prince auquel il touchoit de parenté, estoit bien aise de l'attirer auprés de luy, pour luy communiquer ses secrets les plus importans, & luy faire prendre en partie le gouuernemēt de sa conduite. Son equipage fut aussi-tost prest, & nous allasmes à grandes iournées trouuer le Prince qui l'attendoit. Aussi-tost que nous fusmes arriuez en cette fameuse Cité, où le flus & reflus de la Mer, & le courant d'vn fleuue orgueilleux, enrichissent vn si beau Port, qu'il est auoüé d'vn des plus beaux Astres : mon Maistre ne fit autre chose que s'enfermer en vn cabinet, & son Secretaire n'eut autre soin que celuy de se promener. Ie vis en cet agreable sejour beaucoup de singularitez merueilleuses, on m'y fit obseruer vn marest desseiché par de grands trauaux, & non sans vne prodigieuse despense; où la bouë, & les voiries, par l'artifice des humains, auoient esté transformez en gazons fleuris, & bref où l'on auoit tiré tout ce qu'on s'imagine de plus delicieux pour la veuë & pour l'odorat, de tout ce qu'il y a de plus salle, & de plus infect.

I'y vis vn Tombeau de pierre, soustenu de quatre pilliers de mesme estoffe, qui se remplissoit d'eau, durant le croissant, en regorgeoit en pleine Lune, & se trouuoit sec en son deffaut. Mille superbes edifices s'y presenterent à mes yeux pour me faire admirer leur belle structure : mais ie n'y trouuay rien, qui me charmast tant que la douce conuersation de la fille de nostre hostesse. C'estoit vne personne de dix-sept à dix-huict ans, claire brune, de belle taille, & de fort agreable esprit. Iusqu'à cette heure là, ie n'auois veu que des ignorantes, qui faisoient gloire, quand on leur parloit d'amour, de paroistre aussi-tost confuses : ou de s'offencer de tout ce qu'elles n'entendoient pas bien. C'étoient des Cameleons, qui changeoient de couleur au gré de tous les objets, qui leur estoient representez. Mais cette Demoiselle dont ie parle, n'auoit pas la mesme foiblesse : elle discouroit de toutes choses auec vne extresme liberté, & toutesfois auec vne honnesteté, qui ne faisoit point de deshonneur à son sexe. Elle connoissoit les beautez de l'eloquence, elle aymoit fort la poësie, & faisoit beaucoup plus d'estime d'vn homme d'esprit, que d'vn homme riche. Toute la jeunesse de la ville, en faisoit estat, & les enfans des plus illustres familles, s'estimoient heureux, lors qu'ils pouuoient trouuer l'occasion de causer vn heure auec elle : sa conuerſation me ſembla fort agreable, & me donna lieu de faire mille connoiſſances qui ne me furent point deſauantageuſes.

Cette grande ville eſtoit alors floriſſante en lettres, auſſi bien qu'en armes : & i'y gagnay en fort peu de temps l'amitié de beaucoup d'illuſtres Eſcoliers, qui faiſoient en ce lieu leurs eſtudes. C'eſtoient toutes perſonnes de qualité, aymans les belles lettres, & n'eſtans point ennemis de la volupté, les plaiſirs alloient à leur ſuite, & ne les abandonnoient gueres. Les jeux les plus diuertiſſans, la bonne chere, & les Dames, leur faiſoient paſſer toutes les heures de leur loiſir; & ſi-toſt que ie fus connu de ces Meſſieurs, ie paſſay preſque tous les iours en leur compagnie.

COMME VN ESCOLIER
de bon lieu fut tué par des Paysans.

CHAPITRE XXXVIII.

Comme il n'y a point de si grande douceur, qui ne soit meslée de quelque amertume ; il arriua qu'vn grand desastre nous réueilla ; lorsque nous estions comme assoupis dans les delices. Ce fut vn certain iour de feste que nous sortismes de la ville, pour nous aller promener quatorze ou quinze bons garçons, entre lesquels il y auoit quelques Philosophes, quelques Poëtes & quelques Orateurs ; mais parmy cela beaucoup de ieunes débauchez d'assez bon naturel, pour aymer les belles connoissances, mais trop paresseux pour les pouuoir posseder. Nous estions quatre ou cinq, qui nous estions chargez chacun d'vn liure pour nous diuertir en attendant l'heure de la collation que nous deuions faire en vn village qui n'est qu'à vn petit quart de lieuë de la ville; les autres auoient seulement pris des espées, soit pource qu'ils auoient quelques querelles particulieres, soit qu'ils apprehendassent ce qui leur auint : qui fut de receuoir vn affront par les païsans, qui sont rudes & hauts à la main en ce quartier. Nous trouuasmes vn agreable endroit pour lire à l'ombre, couchez sur le ventre, au bord d'vn ruisseau, où le gazon estoit mol & frais. Nous y fismes des déclamations en vers & en prose, & nous nous entretinsmes auec plaisir en ce beau lieu, tandis que deux de nostre troupe allerent donner ordre à la collation que nous deuions faire au village prochain, qui n'estoit pas alors dépourueu de bon vin, & d'excellents fruits, qui meslez auec des fricaßées de poulets pouuoient satisfaire à la compagnie. Au retour de ces Messieurs, qui deuoient payer le repas qu'ils auoient perdu auparauant, chacun se leua pour se conduire à la table : mais vn Astre ardant, & malin, qui n'esclairoit lors que pour nous nuire, faillit à nous conduire dans le Tombeau. Vn mal-heur ineuitable, voulut que nous fussions détournez de nostre dessein, par le son d'vne cornemuse, qui nous attira vers vn endroit du village, où plusieurs ieunes rustiques, filles & garçons, dançoient vn bransle. Tout le reste des habitans du lieu, presidoit à cet innocent spectacle, assis sur des arbres couchez par terre de part & d'autre,

K v

Vn grand garçon de noſtre troupe qui eſtoit d'amoureuſe complexion, & d'humeur fiere & hautaine, nous fit prendre garde en paſſant à la gentilleſſe d'vne villageoiſe, dont la taille eſtoit aſſez belle, le tour du viſage fort ioly, & les yeux bien fendus, noirs & brillans. Celuy-cy, ne ſe contenta pas de nous faire admirer la Paſtourelle; il nous pria encore de nous arreſter tant ſoit peu, tandis qu'il danſeroit vn tour auec elle, nous luy rendiſmes cette complaiſance, & luy mettant auſſi-toſt ſon eſpée, & ſon manteau entre les mains d'vn de ſes compagnons, vint bruſquement ſaiſir la main de la fille. La fortune voulut qu'il la prit du coſté que la tenoit vn gros coquin, qui en eſtoit feru, & qui ne prit point de plaiſir à s'en voir ainſi ſeparer. Il n'en peut diſſimuler ſon mal-talent à noſtre Eſcolier, auquel il serra la main d'vne estrange sorte. Le jeune garçon, en rit au commencement, & nous cria en latin, que la jalousie auoit transformé la main de ce lourdaut en tenailles; en suite de cela, il s'en plaignit à ce rustique & l'auertit qu'il le frapperoit, s'il ne tenoit sa main plus doucement, mais le païsan ne l'entendit pas, ou fit semblant de ne le pas entendre. Nostre camarade apres ces souffrances, quitta tout à coup la main de la fille, & donna de toute sa force vn soufflet à son seruiteur, pour luy apprendre par demonstration, la ciuilité qu'il luy deuoit. Le païsan ne dit mot en façon quelconque, apres cette viue remonstrance, & quitta la danse, pour s'aller asseoir sous les arbres, où estoient tous ceux du village. Ie ne puis m'imaginer quelle harangue il leur fit pour les esmouuoir, mais ie vous diray qu'en fort peu de temps nous vismes venir à nous deux cens païsans armez de perches, de fourches, & de cailloux. A leur arriuée, Lanchastre, c'est ainsi que se nommoit l'autheur de la sedition, n'eut que le loisir de se jetter à son espée, & tous les autres de desgainer : mais la partie estoit si foible de nostre costé, que nous ne pouuions rien faire de mieux que de combatre en retraite. Lanchastre coucha d'abord trois païsans sur le carreau, ce qui fut cause de sa perte : car sans cette effusion de sang, possible que cette grosse troupe se seroit contentée de nous repousser sans assommer aucun des nostres. Nous trouuasmes le moyen de gagner vn chemin estroit & creux, qui nous estoit assez fauorable au commencement: pource que par ce moyen nous auions tous nos ennemis deuant nous ; mais ils s'auisrent bien-toſt de l'inuention de nous combatre plus auantageuſement, & montans de coſté & d'autre dans des vignes, dont il eſtoit bordé; nous couurirent d'vne telle greſle de cailloux, que nous en fuſmes mis en deſordre. Nous n'eſtions plus qu'à vne portée de piſtolet de la ville, lors que par vn furieux malheur Lanchaſtre voulant frapper vn païſan, qui l'aſſailloit du haut d'vn foſſé de vigne, ſe laiſſa tomber dans le foſſé. Nous nous retirions ſi viſte que nous ne nous apperceûmes de ce deſaſtre, que long-temps apres, & quand nous euſmes gagné vne petite eminence, d'où nous vinſmes à le deſcouurir, qui ſe defendoit encore, mais il ne dura pas long-temps, car il fut en peu de temps aſſommé par ces brutaux à coups de perches & de pierres, ſans qu'il nous fut poſſible d'en approcher pour le ſecourir, tant nous auions de gens sur les bras, qui nous couuroient de cailloux, dont ils nous casserent deux ou trois espées, & nous eussent enfin massacrez, si nous ne fussions entrez dans la ville, quoy que nos manteaux entortillez au tour de nostre bras, nous seruissent aucunement de rondache.

LA REVENCHE DES Escoliers.

CHAPITRE XXXIX.

Apres cette effroyable violence, & que les païsans se furent retirez, nous allasmes enlever nostre amy, que nous trouuasmes si cruellement massacré, que nous ne peusmes le considerer sans larmes, & sans conceuoir en nos cœurs vn furieux desir de vengeance.

Nous tinsmes cõseil sur les moyens de l'executer : & l'on fut d'auis d'aller leur dresser vne embusche sur le chemin, dés que le iour viendroit à poindre, & que l'on couperoit les oreilles à tous les païsans, qui viendroient de ce costé là, & seroient reconnus pour auoir esté de cette cruelle emotion, les renuoyant de la sorte en leur village, & qu'il ne paresroit que vingt Escoliers à ceux-cy, afin que faisant le rapport de leur disgrace : ce petit nombre d'ennemis les obligeast encore à faire leur assemblée, & venir en vn endroit assez prés de la ville, où il y auoit cinq ou six cens Escoliers, couchez sur le ventre, qui se leueroient pour les receuoir, tandis qu'vn autre Corps leur iroit couper le chemin, pour les empescher de faire retraite. Les Prieurs des Natiós firent le choix des combatans, qu'ils firent armer d'espadons, de pistolets, d'espées & de quelques rondaches, pour se couurir contre les cailloux, que les ennemis lançoiét d'vne merueilleuse violence. Il y eut aussi dix hottes pleines de cailloux choisis, portées par des crocheteurs pou la munition des frondeurs, qui se trouuerent entre les Escoliers. Tous ces ordres furent executez, & causerent de grands desordres : les païsans eschauffez, donnerent dans la fausse amorce; & n'en furent pas bons Marchands, il leur en cousta vingt ou vingt-cinq hommes, sans les estropiez, & les blessés, qui furent en grand nombre, & le Magistrat de la ville auerty de cette bataille, y enuoya vainement ses Archers : deux compagnies de cheuaux legers y purent à peine faire les hola, tant la chaleur des estudians estoit grande. Enfin, cette esmeute fut appaisée, & chacun se retira chez soy, il n'y eut aucune information faite de costé ny d'autre, les païsans auoient commencé la violence, pour vne trop legere occasion ; mais ils en auoient esté bien punis. Quatre ou cinq iours apres, le pere affligé de

Lanchaftre, vint faire faire les funerailles de son fils, dont le corps auoit esté soigneusement embaumé. Cet homme nous tesmoigna combien il estoit noble & genereux, il fit vn grand festin à tous les Prieurs des Nations, & des presens à tous ceux qui se trouuerent blessez, en vangeant le mort.

COMME LE PAGE
deuint Secretaire d'vn grand Prince.

CHAPITRE XL.

CE fut quelques iours apres ces tristes obseques que mon Maître prit l'occasion de parler de mon esprit à ce grand Prince, duquel il estoit proche parent : & ce fut sur vne conjoncture assez serieuse. Vn Seigneur de la Cour escriuoit à ce Heros, qu'il deuoit se fier à la parole d'vn Grand, qui pouuoit beaucoup, & qui l'auoit abusé desia par de pareilles promesses ; mon Maistre asseura le Prince, qu'il auoit vn jeune Secretaire capable d'escrire quelque chose de joly sur cette matiere, & qui respondroit à ses sentimens. Ie receus vn soir ce commandement, & sur le champ, ie m'en acquittay de cette sorte.

Celuy n'est guere bon Nocher
Qui contre le mesme rocher,
Vient à faire vn second nauffrage;
Et des mains d'Euphorbe eschapé
Ie ne pourrois passer pour sage,
S'il m'auoit par deux fois trompé.

Le Prince trouua ces vers les meilleurs du monde, & me voulut voir tout à l'instant, me trouua fort à sa fantaisie, & me tesmoigna la satisfaction qu'il auoit receuë de mes vers, en commandant sur le champ à son Argentier qu'il me donnast cinquante pistoles. Depuis ayant appris de son Parent que ie faisois vn conte assez agreablement: il me fit souuent venir en son cabinet, lors qu'il y estoit seulement auec mon Maistre, & peu d'autres gens ; pour délasser son esprit par quelque recit de mes auentures. Mais lors que i'eus debité deuant luy celle du coq d'Inde & du Nain, i'acheuay de m'acquerir ses bonnes graces : il me demanda hautement à son allié, qui sentit quelque regret de me voir separer de luy, mais qui ne put me refuser à son instante priere.

Ainsi ie me vis fait en peu de temps Secretaire d'vn grand Prince, & ne me trouuay pas peu auant dans l'estime de ce nouueau Maistre. C'étoit vn Prince d'vn grand cœur, & qui n'auoit pas mauuais sens, mais on ne pouuoit pas dire que ce fust vn fort grand esprit : & bien que la guerre fust son element, & qu'il n'aymast rien tant que les armes, il passoit plustost pour vn soldat determiné, que pour vn grand Capitaine.

Dés lors que ie fus à son seruice, i'étudiay fort soigneusement son humeur, pour voir par quel biais ie me pourois prendre à luy plaire: mais apres de longues meditations sur ce sujet, ie doutay si ie pourrois auoir des talents qui luy fussent considerables. Auparauant que de me voir en sa maison ; i'auois appris beaucoup de choses de la Geographie, & c'auoit esté moins pour tirer de l'vtilité de cette connoissance, que pour faire vanité des grands effets de ma memoire. Ie pouuois dire sans hesiter sept ou huit mille noms de Prouinces, de Royaumes & de Principautez, de villes, de fleuues, de costes & de montagnes. Ie fis adroittement auertir le Prince mon Maistre que ie sçauois ces choses-là, & que s'il luy plaisoit que i'estudiasse la description des lieux, ie serois bien tost capable de l'informer, quand il me le le commanderoit, de l'assiette de tout vn pays, & de tous les guez & de tous les passages. Il me fit faire lors preuue de la fidelité de ma memoire, & commanda qu'on m'acheraft les liures les plus curieux qui traitent de cette matiere. Toutesfois il aymoit mieux mes lettres & mes vers, dont il se seruoit à toute heure, que cette autre sorte de talent dont il auroit rarement besoin. Sur tout, il faisoit estat de ce qu'en vne si grande jeunesse ie sçauois assez bien l'Histoire, & tenoit mon estude pour vn Prodige, à cause qu'il auoit employé peu de loisir à la lecture.

D'VN SINGE QVI DONNA
aux passans tout l'argent, dont
on deuoit payer la Caualerie
d'vn Prince.

CHAPITRE XLI.

IL ne m'arriua rien au seruice de ce Prince, qui soit digne d'estre escrit; ie m'acquitois soigneusement de l'employ qu'il me donnoit, & déchifrois les lettres d'importance qu'il receuoit, ayant presque tous les alphabets des chifres d'intelligence. I'escriuois quelquesfois des poulets en son nom à quelques Dames, & d'autres galanteries, que ie dois celer pour ne deroger point à la qualité de Secretaire, ie passeray sur ces mysteres, pour venir à vne auenture aussi publique que ridicule. On nourrissoit en nostre maison vn grand Singe, qui n'auoit pas plus de douze ou quatorze ans, mais qui estoit assez malicieux pour son aage. Il ne se passoit gueres de iours, qu'on ne descouurist en ce maudit animal quelque nouuelle meschanceté. Il couroit souuent apres les filles pour essayer de les prendre à force, il faisoit semblant de vouloir mordre les petits garçons patissiers, afin de les espouuenter, & manger toute la marchandise qu'ils portoient. Il auoit apris à ruer des pierres, à voir combatre les enfans : & tous les iours il se rendoit hors la ville pour prendre party dans leurs combats, & l'on voyoit presque toûjours que le costé où s'estoit rangé le Singe, auoit l'auantage. Ie l'ay veu souuent aller querir du vin au cabaret, pour un valet de pied qui le gouvernoit : & poser en chemin sa bouteille en quelque lieu seur, pour jetter des pierres aux petits enfans, qui le suiuoient, & lors qu'il les auoit repoussez, il continuoit son voyage. Tous les fameux cabaretiers connoissoient le Singe : & leurs garçons estoient faits en prenant sa bouteille à luy faire tirer l'argent qu'il auoit dans ses bouges, & selon la valeur de la piece qu'il leur portoit, ils luy remplissoient sa bouteille du meilleur vin, & luy rendoient son reste; le Singe aussi que l'on appelloit Maistre Robert, estoit accoustumé à remporter quelque monnoye, quand ce n'eust esté qu'un double ou deux, & si l'on pensoit le renuoyer, sans luy donner quelque chose à mettre dans ses gisles, il apprenoit à coups de dent au Cabaretier, à faire exactement son deuoir. Souuent il alloit se mettre au guet dans la salle des gardes du Prince, lors qu'il y voyoit joüer aux dez, pour ramasser subtiment l'argent, qui tomboit quelquefois à terre, & s'enfuir au cabaret: car il estoit fort grand yurogne. Et comme cela ne luy reüssissoit pas souuent, il cherchoit par tout d'autres moyens pour auoir dequoy boire. Il s'offrit vn iour vne belle occasion pour cet effet : le Prince estoit allé en vne certaine expedition, accompagné de beaucoup de gens de guerre ; il s'arresta dans vne petite ville pour faire faire montre à son armée, & Maistre Robert qui suiuoit par tout, monté sur vn des chariots de bagage, descendit où l'on auoit marqué les offices du General, & par mal-heur, ce fut fort prés de la maison que prit le Payeur des gensdarmes. Ce méchant animal, qui ne cherchoit que le moyen de pouuoir aller s'enyurer : entendit bien-toft que l'on contoit de l'argent chez ce Threforier, & fe prefenta deux ou trois fois à la porte, pour effayer d'y faire quelque rafle & s'enfuir; mais on luy ferma toufiours l'huys au nez ; Enfin le Payeur & fon Commis eftans fortis pour quelque affaire, apres auoir bien fermé les portes de leur logis, Maiftre Robert prit fort bien fon temps, & montant par vn degré qui eftoit aux offices, iufques fur les tuilles de la maifon, trouua l'inuention de defcendre dans la chambre du Payeur, dont les feneftres auoient efté laiffées ouuertes. La premiere chofe qu'il fit, ce fut de remplir fes bouges de piftoles qu'il trouua eftalées fur la table, comme cela parut apres, & s'eftant muny de ce dont il s'imaginoit auoir befoin pour trafiquer au cabaret, il prit vn fac de pieces d'or, & montant sur la couuerture de la maison, se mit à les jetter à poignées. Au commencement ce n'estoit que pour auoir le plaisir de les voir tomber, & faire bruit sur le paué; mais en suite ce fut pour auoir le diuertissement de voir tout le monde se battre à qui en auroit. Cela le fit rentrer dans la chambre, pour aller querir d'autres sacs quand celuy-là fut vuidé, & le nombre fut si grand des personnes qui se presserent pour arriuer à l'endroit où Maistre Robert faisoit largesse, qu'on ne pouuoit plus entrer dans la ruë. Tellement que le Payeur tout transi de douleur & son Commis fondant en larmes, ne pûrent approcher de leur maison, & furent de loin spectateurs du desastre, sans pouuoir iamais y donner ordre: les gardes du Prince y vinrent pour faire retirer le peuple, mais ils eurent beau crier, & commander au nom du Prince, que cette populace se retirast; cette foule de gens ne connoissoit plus rien que Maistre Robert; & n'auoit plus d'yeux que pour le regarder, ny de mains que pour essayer de prendre ce qu'il jettoit. La gendarmerie fut mal payée pour ce iour-là; mais en reuanche il y eut tel simple soldat, qui receut par les mains de Maistre Robert trente cinq & quarante pistoles. On dit que ses liberalitez monterent à prés de quarante mille liures. Il se peut faire toutefois que le Payeur voulut en exagerant la chose, profiter mesme de sa perte; car le Prince noble & genereux voulut porter tout seul cette disgrâce. Cependant Maistre Robert mourut peu de temps apres; non sans soupçon d'auoir pris de la mort aux rats de la main du Commis du Payeur des gensdarmes, qui estoit vn petit garçon fort vindicatif.

GENTILLESSE D'VN
Caualier, qui fit connoissance auec le Page.

CHAPITRE XLII.

EN suite de cette leuée de bou-clier, qui ne fut pas de longue durée : ie fis connoissance auec vn jeune Caualier de bonne mine, d'as-sez grand cœur, extrémement adroit en tous excercices, & de fort bonne compagnie. Il auoit veu toutes les dernieres guerres du Nort, & se vantoit auec quelque apparence de verité, qu'il auoit eu l'honneur de boire à la santé du Roy de Danne-marc dans le gobelet de ce Prince, qui ne commandoit iamais cette forte de hardiesse qu'aux plus hardis de ses soldats, & dont la valeur s'étoit hautement signalée. Il auoit fort bien appris le langage de ces pays froids, & n'en auoit pas oublié les exercices. Il ne passoit gueres de iours sans prendre du toubac; ny de semaines sans faire trois ou quatre desbauches d'importance, où il defaisoit à coups de verre, tous ceux qui demeuroient à table. Nous contractasmes grande amitié ensemble, & ce fut le premier homme qui me fit boire le vin vn peu fort, car iusques-là ie n'auois beu que de la tisane, de la biere, ou de l'eau rougie. Ie croy que ce fut par sa familiarité que ie me remis à joüer; apres auoir presque quitté cette pernicieuse habitude. Il entendoit fort bien toutes sortes de jeux de hazard, & n'en ignoroit pas les auantages, & n'auoit point son pareil pour les jeux d'adresse: il eust mis vn teston de deux coups l'vn, dans vne fente de porte de six ou sept pas, pourueu que le teston y eust pû passer: il en faisoit tenir par gageure dans les poutres entr'ouuertes d'vn plancher, & mettoit vne bale en deux fois dans le trou du seruice, auec la main, du bout du jeu de paume à l'autre. Il y eut vne maniere de matois, qui luy voyant faire de ses tours d'adresse dans vn jeu de paume couuert, luy proposa de faire tenir vne bale sur vne grande poutre, dont le jeu estoit trauersé, & voulut gager vingt pistoles contre la Montagne, c'est ainsi que j'appelleray le jeune Caualier, qu'il ne l'y feroit point tenir en six coups: la Montagne voulut essayer cela, mais il n'y put arriuer de plus de trente. Nous allasmes souper ensemble apres ce deffy, & ie le trouuois tout resueur, c'estoit qu'il cherchoit en son esprit, l'inuention de gagner l'argent qu'on proposoit de parier. Il arriua qu'en tirant deux douzaines de benarris de la broche, que nous auions pour nostre souper, on versa ce qui estoit coulé de ce suif delicat, dans la lichefritte, en vn grand pot plein de graisse douce. A cet objet, la Montagne fit vn grand cry de joye, acheta le pot de graisse de nostre hoste, & se mit à table en fort bonne humeur. Si-tost qu'il fut iour il alla donner vne demye pistole au garçon du jeu de paume, pour l'obliger au secret, & se fit donner vne eschelle pour trauailler à son dessein. Il fit vn certain lict de graisse espais de quatre doigts, & qui tenoit vn pied en quaré sur la bouche, mais cela si bien ajusté, qu'il ne pouuoit faillir d'y faire tenir la bale, comme il l'experimenta plusieurs fois. Lors que l'heure fut venuë, où le jeu de paume estoit ordinairement frequenté : la Montagne ne manqua pas de s'y rencontrer, & d'essayer de faire tenir la balle sur la poutre ; ce qui ne luy succedoit pas du costé qu'il s'y prenoit, & tenoit toûjours en haleine les parieurs, qui se trouuerent en grand nombre, auec celuy qui auoit fait la premiere proposition de ce party. La Montagne prit lors son temps, & faisant mettre argent sous corde, entreprit la chose, de trois coups l'vn ; ce qui ne paroissoit point possible : mais à son contentement, & à l'étonnement des autres il y reüssit, & remporta cent ou six-vingt pistoles de gain. Depuis, les perdans furent informez de la tricherie, & faillirent à se desesperer d'auoir esté duppez de la sorte.

PAR QUELLE INVENTION LA Montagne fut pris pour dupe.

CHAPITRE XLIII.

VN éueillé d'entre ceux-là le rendit assez adroitement à la Montagne, car l'ayant veu parier de faire tenir vn teston de trois pas sur vn petit bord de cheminée, sur lequel on ne pouuoit voir sans monter sur quelque siege, il fit clouer dessus vne petite late qui alloit tout du long de la cheminée, en façon de talut, si bien que le teston n'eust pû tenir dessus, quand mesme on l'y eust mis auec la main. La Montagne paria brusquement, & perdit ce qu'il mit au jeu, non sans enrager de bon cœur & sans vouloir démolir cheminée : mais il fut bien confus, lors que montant fur vn efcabeau, pour voir à quoy tenoit qu'il ne pouuoit plus reüffir en ce tour d'adreffe, il vid la traiftreffe de late, qui l'auoit fait tromper fi lourdement. Ie le menay fouper auec moy, pour le diuertir de cette mauuaife humeur, & luy faire oublier fa perte : qu'il fçauoit bien-toft recouurer, & renouueller; car fa bourfe imitoit le flux & reflux de la mer, en vingt-quatre heures elle eftoit toûjours pleine & vuide.

DISGRACIE'.

D'VNE MALICE QVE FIT la Montagne.

CHAPITRE XLIV.

LA Montagne estoit fort bien fait, & sçachant parler agreablement, joüer du lut, chanter & danser, estoit bien venu dans toutes les bonnes compagnies : & m'y donnoit entrée auec assez de facilité, me faisant passer pour vn bel esprit. Il m'auoit souuent parlé d'vne belle fille, qui ne manquoit pas de sens, & que l'on tenoit pour estre fort riche: mais elle ne trouuoit point de party, à cause d'vn mauuais bruit qui couroit d'elle, c'est qu'estât fille d'vne ladresse, on creut qu'elle pouuoit tenir de cette vilaine infirmité. La Montagne me la mena voir, vn iour qu'il se faisoit assemblée en son voisinage : & nous la trouuasmes qui s'habilloit auātageusement. Apres les premiers complimens, & comme elle acheuoit de se coëffer, la Montagne faisant semblant de se joüer alentour d'elle, luy fit entrer malicieusement vne grāde espingle dans l'espaule : & me fit signe qu'elle n'auoit rien senty de cela, & que ie vinsse voir cette espréuue de sa ladrerie. Ie me leuay pour sçauoir ce qu'il vouloit dire, & vis cette grosse espingle enfoncée iusqu'à la teste, dans ce beau cuir qui sembloit du laict : mais comme ie sousriois de cette auēture, la fille de chambre s'en apperceut, & ne manqua pas d'en aduertir sa Maistresse, qui prit la chose en fort mauuaise part, comme vous pouuez bien penser : & nous bannit pour iamais de

DISGRACIE'. 259

sa maison. Cette fille se vengea depuis de la Montagne, car ayant appris qu'il estoit deuenu amoureux d'vne belle fille, qui se gouuernoit entierement par le conseil d'vne de ses tantes, elle pratiqua si bien cette tante, que iamais la Montagne n'eut contentement de cette amour, & mesme receut beaucoup de traits signalez de mespris, qui auoient esté concertez au gré de la Demoiselle la dresse.

COMME LE PAGE
disgracié courut fortune d'estre noyé.

CHAPITRE XLV.

Cependant mon Maistre me dépescha vers vn Gouuerneur d'vne place qui est scituée sur cette orgueilleuse riuiere, qui passe au long de la ville, & ie courus vn merueilleux peril en allant executer ce commandement. Il regnoit alors vn petit vent assez frais, & qui se renforçoit par interuales, & le bateau où ie me mis pour deualer iusqu'à cette place de guerre, n'estoit qu'vn bateau de pescheur, auquel on auoit ajousté vn petit mas, afin de le pouuoir faire remonter plus aisément, quand le vent seroit fauorable. Nous l'auions alors de costé, & les bateliers pour auoir lieu de se reposer, auoient haussé vne espece de linceul, attaché de deux cordes, qui seruoient de voile. Leur negligence, ou le mal-heur qu'en vn certain endroit, où ce fleuue en reçoit vn autre assez grand, vne bourasque de vent se mit dans la voile, & fit en vn instant renuerser le petit bateau. Dieu me fit la grace de me conseruer le iugement en cette auenture, & de me donner l'adresse de tourner la teste contre le fil de l'eau qui estoit assez rapide, & de repousser auec les pieds les personnes qui se pouuoient attacher à moy, dans l'effroy que leur apporta ce peril. Aprés auoir esté quelque temps à luter des pieds & des mains contre le cours impetueux du fleuue, afin de donner temps aux personnes qui auoient fait naufrage de s'esloigner vn peu de moy, ie m'esleuay bien fort sur l'eau pour me deffaire de mon baudrier, & de mon espée, qui ne m'estoient point necessaires dans ce danger, & me proposay de gagner le bord, le plus proche de moy, qui estoit esloigné pour le moins de cinquante pas, mes habits deuinrent fort empeschants, si tost qu'ils furent abreuuez, mais ils ne m'importunoient gueres plus que mes bottes & mes esperons, qui s'accrocherent deux ou trois fois dans les efforts que ie faisois, pour surmonter les vagues, qui se presentoient ; ie pensay nager sur le dos pour me reposer, apres auoir fait vne partie de cette trauerse, & ie faillis par là de me noyer, mes habits estoient deuenus si pesants, qu'ils m'entrainoient au fonds de l'eau. Enfin, apres vne fatigue estrange, ie touchay la terre & tombay en foiblesse à cause des efforts que i'auois faits pour arriuer au bord. Les bateliers qui sçauent nager en ce quartier comme des poissons, & qui auoient gagné la mesme riue, me vintrent secourir en cette extrémité, non sans se payer fort bien de leur peine : car en faisant semblant de vuider l'eau de mes poches, ils en osterent subtilement l'or & l'argent, excepté quelque pistole, qui me seruit à faire secher mes habits & mes lettres qui furent bien maltraittées par ce naufrage.

Le bruit courut à la ville que ie m'estois perdu par cette fortune d'eau, & cependant ie fis ma commission auec autant de diligence, que si rien ne me fust arriué. Le Prince à qui i'auois l'honneur d'être, fut tout estonné, quand il me reuit, & me sceut si bon gré de ce que ie m'eſtois ainſi ſauué, & de ce que ie n'auois pas differé pour cet accident, de porter ſes lettres, qu'il me donna cent piſtoles de ſa main, qui n'eſtoit pas vne petite gratification pour eſtre faite à vn adoleſcent comme i'eſtois.

Depuis cela, ie fus en plus grande conſideration auprés de mon Maître, que ie n'auois eſté : il ne ſe contentoit pas de parler de la gentilleſſe de mon eſprit, ainſi qu'il auoit accouſtumé. Il fit pluſieurs fois eſtime aux Seigneurs, qui le venoient voir, de la bonté de mon ſens, de ma fidelité & diligence. Ce qui me donna tant de vanité, que ie croyois eſtre deſia regardé comme vn excellent perſonnage, & m'imaginois faire vne fortune auprés de ce Prince, qui ne ſeroit pas moins eſleuée que celle de tous mes Anceſtres, mais le Soleil n'accomplit pas ſon cours naturel,

DISGRACIE'.

naturel, que ie me vis sans Maître, & sans bien, & mesme presque sans esperance de bonne fortune.

QVERELLE DV PAGE POVR auoir souſtenu l'honneur du Taſſe, qu'vn jeune Eſcolier rabaiſſoit.

CHAPITRE XLVI.

LA plaiſante conuerſation de la Montagne, celle de deux ou trois enfans de Preſidents, garçons genereux, & fort agreables pour l'humeur, ny l'entretien de ma jeune hoſteſſe, que ie continuois toûjours de voir, ny les emplois diuers que le Prince me donnoit, ne me firent point perdre l'habitude que i'auois à lire. C'eſtoit vne occupation, où i'employois cinq ou ſix heures le iour pour le moins, ſans que cela peuſt atiedir la paſſion que i'auois d'apprendre: mais il m'en arriuoit comme à ceux qui se nourrissent de mauuais aliments, ils en acquierent plustost de l'enflure, que de l'embonpoint; aussi ne lisant gueres de bons liures, cela ne seruoit qu'à me donner vne enflure de vanité, qui auoit quelque apparence d'excellence: mais qui n'estoit pas grand'chose en effet. Par tout où l'on parloit de la Cosmographie, de l'Histoire & des Poëtes tant anciens que modernes, ie disois auec hardiesse mes sentimens; & sans qu'il fust besoin d'auoir des liures, ma memoire me seruoit de Bibliotheque portatiue. Il s'émeut vn soir vn certain different en la presence de ma belle & sçauante hostesse, chez qui tous les beaux esprits tenoient comme vne espece d'Academie; ce fut à iuger lequel l'emportoit pour la magnificence, & la beauté du stile heroïque; de

Virgile, ou du Torquato Tasso. Il y eut en la compagnie vn grand garçon, fort bien fait, qui dit auec vn soufris desdaigneux, qu'il n'y auoit nulle comparaison à faire de ces deux genies: assurant que le Mantoüan surpassoit l'autre infiniement. L'audace dont il souftint cette opinion me piqua, ie me rangeay soudain de l'autre party, & bien que ie n'ignorasse pas que l'Eneïde est vn parfait modelle du poëme heroïque, ie mis la Ierusalem beaucoup au dessus de Troye, & de Cartage. Pour prouuer ce que ie disois; ie debitay sur le champ sept ou huit des plus beaux endroits de l'vn & de l'autre Autheur, & les comparant l'vn à l'autre, ie fis voir que ceux qui donnoient l'auantage à Virgile, n'en iugeoient pas trop iudicieusement, & donnoient possible à la pompeuse richesse de sa langue, ce qu'ils pourroient accorder, auec raison, à la sublimité de l'esprit du Tasse. Ce jeune Philosophe, voulut respondre, mais ce fut auec tant de marques du desordre où ie l'auois mis, que les rieurs ne furent pas de son costé. Le despit qu'il conceut alors d'auoir esté rendu muët deuant cette belle fille, dont il estoit possible amoureux, le piqua si fort contre moy qu'il m'enuoya le lendemain, dés qu'il fut iour, vn billet escrit en ces termes.

Vous m'auez fait paraistre la force de vostre eloquence sophistique, en soûtenant de mauuaises opinions contre des veritez apparentes : & cela me donne sujet de vous demander la faueur de vous pouuoir prouuer par les armes, ce que vous auez dementy par des paroles : ie n'ay pris qu'une espée ordinaire.

Si-tost que son laquais m'eut apporté ce cartel, ie m'habillay le plus diligemment qu'il me fut possible, & le suiuis hors la ville vers de certaines ruines antiques, où son Maître m'attendoit.

Cette matiere, cher Thirinte, me deffend la prolixité, il n'y a iamais de bien-seance à faire vanité de brauoure, ie vous diray seulement, que ie ne fus blessé qu'à la main, & que ie passay mon espée iusqu'aux gardes dans le bras de mon ennemy. Cependant nous en vinsmes aux prises, & nous estans portez par terre, cet Escolier qui estoit puissant & vigoureux fit en sorte qu'il me desarma. Il vsa toutefois de cet auantage en Gentil-homme, comme il estoit, & me rendit genereusement mon espée, aussi-tost qu'il me l'eut ostée, & me fit pro-

testation en m'embrassant qu'il vouloit à iamais estre mon amy, & que
ie connoistrois la bonté de son courage, la discretion qu'il tesmoi-
gneroit, en ne disant iamais qu'il
eust eu quelque auantage dans ce
combat. Ainsi nous nous en reuins-
mes à la ville, pour nous faire pan-
ser chez le premier Chirurgien : &
nous rencontrasmes en chemin sept
ou huit gensdarmes de la compagnie du Prince, qui venoient pour
nous empescher de nous battre, &
qui s'imaginerent, me voyant le visage & la chemise sanglants, que
ie fusse fort blessé : mais c'estoit du
sang de ce genereux Escolier, qui
lors que nous estions venus aux
prises, m'en auoit ainsi tout couuert. Le Prince sceut cette auanture, & me fit appeller pour m'en
tancer, encore qu'il ne m'en sceust
pas mauuais gré, mais il ne vouloit

M iiij

pas qu'ayant embrassé auec vn assez grand succez la profession d'écrire, ie me mélasse de faire le mestier de düeliste.

RETOVR DV PAGE
à la Cour.

CHAPITRE XLVII.

LE Monarque le plus glorieux, qui ait iamais porté Couronne, venoit en ce temps-là de rendre vne iustice signalée à quelques-vns de ses subjets, & d'abolir en vne frontiere de son Royaume vne iniuste prescription pour des biens sacrez,& qui ne deuoient iamais passer en des mains prophanes. Il passoit en la ville, où le Prince mon Maistre commandoit sous son authorité, & nous fusmes cinq ou six lieuës au deuant de luy. Parmy les acclamations generales dont on honoroit les hautes vertus d'vn si grand Prince ; il me prit vne enuie d'escrire quelque chose à sa gloire. Ie croy que la grandeur de mon sujet ouurit extraordinairement ma veine, & me fit surpasser moy-mesme. Mon Maistre vid les vers que i'auois composés sur cette éclatante matiere, & les trouua si beaux, qu'il se voulut charger de les presenter luy-mesme. Toute la Cour estant dans vne place de consequence, que ce Monarque glorieux alloit visiter, ie fus commandé par le Prince que ie seruois, de l'accompagner le soir comme il alloit au petit coucher, afin qu'ayant presenté mes vers, il en peust presenter l'Autheur, s'il s'en offroit occasion. Il n'y auoit pas plus d'vne demie heure, que i'attendois dans la chambre Royale mon Maistre, qui estoit entré dans le cabinet, lors qu'vn jeune Seigneur aussi accomply, qu'il y en eust en France, vint demander tout haut le petit Secretaire d'vn tel Prince. Les gentils-hommes de nostre maison l'entendirent, & me presenterent, & cet illustre Caualier me vint embrasser, & me fit des complimens sur mon esprit qu'il faisoit mine d'estimer beaucoup. A son abord ie m'étois tourné le dos contre les flambeaux, qui estoient posez sur la table, afin que l'ombre que i'aurois sur le visage empeschast que ie ne fusse reconnu de ce Seigneur, auec qui i'auois passé les premieres années de ma jeunesse, & qui auoit esté de mes plus particuliers amis; mais comme il m'eut pris par la main, ie ne pus faire si bien qu'il ne me regardast en face, & qu'il ne me reconnust facilement. Ie ne peus soustenir ses regards sans baisser la veuë, & rougir, & ce jeune Seigneur s'apperceuant de cette honneste honte, me tira en vn lieu à l'escart, me nommant par mon nom, me pria de m'asseurer en son amitié, qui ne me manqueroit pas en cette occasion, ny en toute autre. Là-dessus il rentra dans le cabinet, pour m'y seruir comme il fit auec grande grace. On ouurit le cabinet bien-tost apres, & i'y fus mené par Hermire, c'est ainsi que l'on appelloit ce jeune Seigneur, qui me faisoit l'honneur de m'aymer. O que cette auenture me fut glorieuse! ie receus alors des faueurs que ie n'aurois iamais pû esperer, i'eus l'honneur de me jetter aux pieds d'vn des plus grands Princes de la terre, & d'en estre fort bien receu. Ce jeune & glorieux Heros que le Ciel destinoit à de si grandes choses, & qui deuoit operer tant de miracles, daigna bien me commander de luy reciter les choses qui m'étoient arriuées depuis qu'on me croyoit perdu. Il s'aſſid pour me donner audience, ſur vne tres-belle table, qui eſtoit poſée contre vne feneſtre de ſon cabinet ; & bien qu'vne honneſte honte m'empeſchaſt de luy conter les plus particulieres de mes diſgraces, il témoigna toutefois prendre plaiſir à m'entendre : me fit l'honneur de me prendre par le bras, & de me mener vers vn Seigneur qu'il honoroit de ſa bien-veillance, & qui s'entretenoit alors auec le Prince que i'auois ſuiuy. Ces deux Grands ſe trouuerent tout ſurpris à cet abord ; l'vn qui me connoiſſoit fort bien, mais qui croyoit que i'étois mort, n'ayant point ouy parler de moy, depuis trois ou quatre ans ; & l'autre, de voir que i'auois ainſi l'honneur d'eſtre connu d'vn Soleil, auprés duquel toute ſa ſplendeur eſtoit eclipſée. Il fut dit alors toutes les postiqueries de ma jeunesse : on y parla de mes escholes buissonnieres, de mes fuites chez les Comediens, lorsque ie craignois d'étre foüetté; & parmy cela de l'esperance que i'auois donnée de reüssir vn iour aux belles lettres. Le jeune Monarque rasseura mon esprit craintif, auec des paroles dignes de sa rare bonté; me promit de me remettre auprés de mon premier Maître, ou de me receuoir à son seruice; & donna sur l'heure vn commandement pour me faire receuoir vn effet de sa liberalité. Mon dernier Maistre vid toutes ces choses, & lors que l'heure fut venuë de se retirer, il se conduisit iusqu'à son appartement, le bras appuyé sur mon espaule, qui plioit par fois sous le faix. Il se plaignit vn peu de ce que ie luy auois celé ma naissance, & se satisfit par apres, des excuses que luy donna mon honneste honte. Le lendemain ce digne Maistre, me fit donner vn cheval de son escurie, & quelque argent pour suiure le Prince, qui s'en alloit vers la ville capitale de son Royaume.

*COMME VN GRAND
trauersa la fortune du Page.*

CHAPITRE XLVIII.

CE fut ainsi qu'apres tant de courses vagabondes, ie reuins au lieu où i'auois esté nourry, mes parens furent rauis de me voir, & d'apprendre qu'auec quelque reputation, ie m'estois remis à la Cour. Vn grand Prelat, qui estoit mon oncle, & qui ne manquoit pas de faueur, entreprit de parler pour moy : & d'essayer de me procurer quelque honneste establissement : d'autre costé, i'eus pour support, & pour intercesseur l'illustre Hermire, dont ie ne sçaurois assez loüer les vertus. Ce noble courage, auoit pris à tasche de me seruir, par vne pure generosité : car ie ne l'auois iamais seruy, si ce n'auoit esté possible de second en quelques petits combats, que nous auions faits autrefois à coups de poing, & cependant il se donnoit des soins pour moy, qu'il n'eust deû prendre que pour vne personne qui luy auroit esté bien chere; ie croy que ce furent mes seuls mal-heurs qui piquerent ce cœur genereux à me rendre tant de bons offices. Mais voyés combien peuuent sur nos courses celle des Astres, & le peu qu'auancent les Grands d'icy bas en leurs desseins, s'il n'est ordonné de là haut : Hermire & mon Parent firent mille pas, & dirent mille choses en ma consideration, qui me furent presque inutiles; ce furent des coups bien portez, qui ne firent rien que blanchir cõtre mon mal-heur. Le dernier Maistre que i'auois seruy, n'estoit pas en bonne intelligence auec vn des principaux Ministres de l'Estat, & celuy-cy eut opinion que s'il me laissoit approcher du Prince, ie pourrois seruir d'espion à l'autre, estant comme sa creature. Ce fut la raison, qui le fit opposer à mon auancement, estant d'ailleurs d'vn naturel assez facile. Hermire apres mille peines qu'il prit pour moy, fut informé de cet acroc, qui m'empeschoit de m'auancer: & m'en auertit auec vne tendresse de frere. Nonobstant ce fascheux obstacle, le Prince ne laissa pas en ma faueur de donner cours à sa bonté naturelle: & de me faire quelques gratifications, n'ayant pas trouué lieu de me remettre auec mon premier Maistre.

*LE PAGE SUIT UN GRAND
Monarque à la guerre, & void
mourir un Seigneur de ses
alliez.*

CHAPITRE XLIX.

LE jeune Alcide à qui i'auois voüé ma vie, entreprit quelque temps apres d'aller couper les testes d'vn Hydre, qui s'esleuoit contre sa puissance, & marcha contre ce Monstre furieux, auec vne orgueilleuse armée. I'eus l'honneur de le suiure en ce beau voyage, & d'étre tesmoin en cent lieux de sa vigilance & de sa valeur. Ie ne croy pas qu'il y ait iamais eu de Roy si connoissant au métier de la guerre que celuy-cy: sa preuoyance & les expediens qu'il trouuoit pour affoiblir, ou pour forcer ses sujets mutins, estoient si grands, que les plus sages Capitaines ne pouuoient point assez l'admirer. Il n'y auoit point de place en toute l'Europe, dont il ignorast l'assiette & les fortifications : Il n'y auoit point de soldat en ses vieilles bandes, qu'il ne pût nommer par son nom, il n'y auoit point de pieces en son artillerie, dont il ne sceut, & la grosseur & la portée : Tous les ordres qu'il donnoit en son camp estoient bons merueilleusement, & tant de bon heur accompagnoit ses iustes desseins, que son nom fit ouurir beaucoup de villes, qui pouuoient tenir contre de plus grandes armées. Il y en eut vne qui l'arresta quelques iours, & qui fut iustement punie d'vne telle temerité : il s'y perdit beaucoup de braues gens, & i'y perdis vn jeune Marquis, de qui i'érois allié, qui fut tué mal-heureusement dans vne tranchée, s'estant esleué sur vne barrique pour voir les defences du rempart. Celuy-cy nous auoit laissé son image en vn jeune Seigneur bien fait, & qui donnoit de grandes esperances de son courage: mais comme il y a de certaines fatalitez dans les maisons, ce jeune aiglon ne fut pas plus heureux que son pere; & se vid atterré d'vn coup d'artillerie, la premiere fois qu'il déploya ses tendres aisles dans le champ de Mars. Il auoit desia fait preuue de la generosité de son courage, qui ne craignoit rien, dans vne rencontre extraordinaire. Comme il alloit vn iour à la campagne auec son Gouuerneur, il apperceut qu'on voloit vn coche sur le chemin, & bien que la partie des voleurs fust de douze ou quinze, il ne balança point pour aller à eux,

& leur ayant tiré ses deux pistolets, mit encore l'espée à la main pour se mesler dans cette troupe. Son Gouuerneur effrayé du danger où se trouuoit son jeune Maistre, conjura les voleurs de ne vouloir point tuër vn jeune enfant, & parmy ces sortes de gens il s'en trouua qui furent touchez de cette heroïque vertu, lesquels empescherent leurs compagnons de se vanger des blessures qu'ils auoient receuës.

AVANTVRE DV PAGE dans vne surprise de maison.

Chapitre L.

CEtte ville qui auoit reputation d'estre forte, ne fut pas si tost renduë, que beaucoup d'autres à son exemple embrasserent l'obeïssance, de crainte de se voir demanteler, comme celle-cy, & perdre tous leurs priuileges. L'armée fit bien quarante lieuës sans rencontrer de resistance: toutes les villes de ce party, ouuroient leurs portes à la premiere sommation : & mesme sans estre sommées. Enfin, nous arriuasmes deuant vne qui fit la sourde oreille aux Herauts, & l'on n'en fit pas les approches sans grande effusion de sang de part & d'autre. Les sorties y furent assez frequentes, & nous eusmes beaucoup de peine à forcer des barricades, que les ennemis auoient faites dans des vignes, d'où ils deffendoient les auenuës. Il me souuient qu'vn certain Seigneur que i'auois connu de long-temps, m'inuita de le mener vers ces vignes, pour voir quelque occasion, & que cette curiosité luy fut extrémement funeste: car ainsi qu'il descendoit de cheual, vne mal-heureuse bale qui passa sur la teste de beaucoup de gens, qui estoient deuant nous, luy donna dans le haut du front, & l'estendit tout roide mort. Ie pensay l'assister en cet accident, & luy faire souuenir de son ame, mais il me fut impossible d'executer ce bon dessein. Ie ne sçay combien de soldats qui l'auoient veu tomber

auprés

auprés d'eux, se jetterent en foule sur luy pour foüiller ses poches, & le despoüiller; ce qui fut fait en si peu de temps, que les chefs qui accoururent en cet endroit, n'y purent mettre d'ordre. Ce pauure Gentilhomme auoit vne perruque, qui se perdit dans cette foule, de sorte qu'il demeura nud, & la teste toute rase, qui estoit vn objet tres-espouuentable à voir.

I'auois vn cadet dans le Regiment des Gardes du Prince, à qui l'on auoit donné vn mousquet pour luy faire faire son apprentissage en ce métier honorable. Ie le trouuay dans nostre camp, & depuis nostre entreueuë, il ne m'abandonna gueres, sinon lors qu'il estoit obligé d'entrer en garde, ou de faire faction. C'estoit vn assez gentil garçon, qui ne donnoit pas peu d'esperance de sa reüssite dans les armes, mais ce jeune nourrisson de Mars n'auoit aussi gueres receu de faueur des Muses. A peine estoit-il sensible aux belles choses, qui se rencontrent dans la poësie & dans l'eloquence, & quand ie luy parlois de mes auantures, il ne sçauoit comment croire que ce ne fust point vne fable, que la rencontre de ce Philosophe, qui pouuoit augmenter, ou produire l'or, & qui mettoit ce secret au dessous de beaucoup d'autres, plus excellens. Mais lors qu'il m'en auoit fait jurer, il me secondoit à plaindre ma perte. Mon cadet auoit pris vn matin congé de moy, pour aller en garde, & ie l'attendois le soir à souper en ma hutte, lors que ie le vis entrer tout esmeu, accompagné de quatre de ses camarades. Il me dit qu'ils auoient receu vn bon auis d'vn homme du païs; c'estoit qu'il y auoit vne maison à demy lieuë

DISGRACIE'.

d'vn habitant de la ville rebelle, que quelques païsans gardoient, & qu'il étoit question d'aller la forcer. L'esperance d'y faire fortune auoit inspiré cette petite brigade à vouloir tanter ce hazard, & le desir d'empescher mon frere d'entreprendre rien à l'estourdy m'obligea d'être de cette partie.

Nous fusmes attaquer cette maison, & commençasmes cette execution en faisât brusler quelques paux secs, qui faisoient vne palissade deuant la porte. Il y eut quelques mousquetades tirées par les fenestres au commencement de cette allarme, mais elles ne blesserent personne, pource que quatre des nôtres estoient afustez pour tirer en ces endroits, dés qu'ils y voyoient paroistre quelque chose. Enfin, l'effroy saisit ceux qui estoient dedans, qui n'estoient pas des personnes de grand merite, c'eſtoit vn Iardinier ſeulement & quatre païſans du voiſinage. Ils demanderent à capituler, & ie me preſentay comme celuy qui commandoit à cette partie La porte de la maiſon fut ouuerte, & ie me rendis incontinent deſſous, pour les aſſeurer de la vie ; mais ie faillis à payer bien cher cette confiance, que ie prenois en des gens ſans honneur & ſans connoiſſance : car comme ie parlois à vn de ceux-cy, ſans redouter aucune inſulte, vn de ces marauds qui s'eſtoit rangé contre la muraille, me vint bruſquement deſcharger vn coup de pelle de Iardinier, qui eſtoit capable d'aſſommer vn homme beaucoup plus robuſte que moy. I'auois la teſte à demy paſſée ſous la porte, & ce coquin qui ne me vouloit pas manquer, eſſaya d'en atteindre tout ce qui paroiſſoit, & cela me ſauua la vie: pource que la pelle rencontratât soit peu le verroüil qui la fit gauchir sur mon espaule. Ie ne laissay pas de tomber par terre du coup, & là dessus mon frere qui estoit prés de moy, se jetta promptement dans la porte l'espée à la main, & tous ses camarades le suiuirent. Il y eut deux de ces païsans qui payerent auec le Iardinier la folle enchere de leur brutal de compagnon, qui s'estoit sauué, apres auoir fait ce coup, par vne bréche du iardin. Ie ne peus empescher ce desordre, encore que ie criasse de toute ma force, qu'ils ne les acheuassent pas. Il y en eut deux qui en moururent, enuiron vn quart d'heure apres, & l'autre, qui estoit le Iardinier, eut seulement vn coup sur la teste. Ainsi nous nous rendismes maistres de cette maison, & faisans de grands feux par tout, nous y cherchasmes à butiner.

Apres auoir allumé quelques lampes, nous en visitasmes toutes les chambres : & nous n'y rencontrasmes que de vieux meubles, que les quatre soldats que mon frere auoit amenez, partagerent entr'eux. Apres, nous descendismes dans la caue, & nous n'y trouuasmes que de vieilles futailles, parmy lesquelles il y auoit vn tonneau de vin de Gaillac, dont nous beusmes tous de bon cœur ; le trouuant fort bon, encore qu'on en eut tiré iusqu'à la barre. Apres ce repas, où il n'y auoit que du beurre, du fromage & des gousses d'ail pour toute viande, mais où la sausse ne manquoit pas, puisque nous auions tous grand appetit : ie m'allay coucher sur vn vieux loudier, pour prendre vn peu de repos en attendant que le iour fust venu. Mon frere n'en voulut pas faire de mesme, di-

DISGRACIÉ.

sant qu'il falloit estre sur ses gardes toute la nuict, de peur que les païsans qui s'en estoient fuis, ne reuinssent en plus grand nombre pour nous esgorger: mais c'estoit pour auoir pretexte d'aller fureter par tout le logis, comme vous allez entendre.

QVEL FVT LE BVTIN de la maison surprise.

CHAPITRE LI.

JE n'auois pas esté demye heure à sommeiller ; car la douleur du coup que i'auois receu sur l'espaule, ne me permettoit pas de pouuoir dormir profondement : lors que ie me sentis pressé la main par quelque personne ; ie m'escriay auec effroy, demandant qui c'estoit, & ie connus que c'estoit mon frere, lequel me dit tout bas à l'oreille que ie me leuasse, & que nous estions trop riches. Ie descendis auec luy dans vne caue, & ce fut le plus doucement qu'il nous fut possible, de peur de resueiller ses compagnons. Il m'y fit sentir en la muraille vne certaine concauité, que l'on auoit couuerte de plastre, & que nous ouurismes auec la pelle du Iardinier. Nous y descouurismes cinq ou six grands pots de grais, d'vne assez bonne hauteur, & mon frere en battant des mains de joye, m'asseuroit desia que tout cela estoit plein d'or & d'argent, lors que m'addressant au premier, & portant ma main bien auant dedans, ie n'y rencontray que de la vieille graisse. Mon frere en visita vn autre en mesme temps, où il n'y auoit que des fromages, tous les autres estoient à demy remplis, ou de lentilles, de pois, ou de grains pour des pigeons. Tellement que nous nous trouuasmes bien descheus de nos esperances: Cependant mon frere ne perdit point courage pour cela, & comme il estoit d'vne humeur deffiante, il voulut voir le fonds des pots, & fut tellement heureux en cette recherche, qu'au fond du pot de graisse qu'il me faisoit horreur de toucher, le galant trouua vne piece de pain bis, dans laquelle il y auoit cinquante-trois pieces d'or lardées: ausquelles ie ne luy demanday nulle part, la rencontre n'estant pas d'vne consequence à me donner aucun desir. Le iour & les autres soldats parurent au poinct de cette auanture, mais ils ne s'apperceurent point de la bonne rencontre de mon cadet, qui auoit desia serré ces pieces, acheuant d'essuyer ses mains grasses. Ils n'eurent de part qu'aux fromages, & s'en retournerent à leurs huttes chargez comme des mulets, tant des licts, & des couuertures de la maison, que des vstanciles de cuisine. I'admiray la vie de ces jeunes garçons, dont il y en auoit quelques-vns d'assez bonne famille, & qui se pouuoient bien passer des fatigues, & des incommoditez, ausquelles ils s'obligeoient volontairement. Mais l'honneur est vne Maîtresse dont la possession ne s'aquiert pas sans beaucoup de perils, & de peines; & l'on trouue tant de charmes en sa beauté, que les trauaux qu'on souffre pour l'acquerir, ne passent que pour des delices.

EFFETS DE LA GVERRE
& mort d'un illustre Seigneur des amis du Page.

CHAPITRE L.

IE vis beaucoup de choses durant ce siege, qui ne sembleroient pas croyables : les ennemis y venoient au combat, auec autant de hardiesse, que s'ils eussent esté en aussi grand nombre que nous. Leurs femmes leur venoient donner à boire à de certaines barricades qu'ils defendoient auec aussi peu de crainte du peril, que si l'on n'eust tiré sur eux, qu'auec des serbacanes chargées de sucre : & c'estoit le pur effet d'vn faux zele, qui les faisoit ainsi deuenir plus qu'Amasones. Elles enleuerent vn iour vn des plus vaillans Seigneurs de l'armée, auec des fourches fieres deſſus le haut d'vn baſtion, apres qu'il eut eſté tué de cent coups. Il y en eut auſſi ſouuent de punies de cette furieuſe temerité: ie ſçay bien qu'vne volée de canon en emporta vn iour dixhuict tout à la fois, comme elles nous chantoient injures en lauant des linges ſous vn pont, & qu'il y en euſt beaucoup d'autres qui montrerent leurs nez ſur les remparts, à qui l'on apprit à ſe cacher. Ce fut en ce mal-heureux ſiege que mourut vn de mes meilleurs amis, qui eſtoit vn Seigneur des plus accomplis de France, & dont le merite eſtoit le plus generalement honoré. Il receut vne mouſquetade dans vn bras, qui luy rompit l'os, & luy penetra dans le corps, banniſſant ainſi de la terre la fleur de nos guerriers, l'amour des Dames, & l'agreable support de tous les honnestes gens. Ie n'estois gueres qu'à trente ou quarante pas de luy, lors que ce desastre arriua, & i'eus l'honneur de l'accompagner en son quartier, comme on l'y transportoit sur vn brancart : il me donna deux fois sa main, comme ie pleurois sa blessure, & me dit des paroles d'affection dont ie ne sçaurois me ressouuenir que ie ne renouuelle mes larmes.

MALADIE DV Page.

CHAPITRE LII.

Ors que cette ville rebelle eut esté prise, nostre camp s'alla poser deuant vne autre, beaucoup plus forte, & où nous perdismes beaucoup plus de gens, soit par les frequentes sorties des ennemis, ou par des maladies d'armée. La putrefaction de l'air causée par les mauuaises exhalaisons des corps enterrez à demy & par l'intemperance des soldats, qui se souloient de mauuais aliments, produisit d'étranges fievres durant cette ardente saison, & dans vn climat, qui est assez chaud. Il couroit des fievres ardentes accompagnées de frenaisie dont on mouroit au cinquiesme ou septiéme iour pour l'ordinaire, ou qui tenoient plus long-temps vn malade dans des delires & hors d'esperance de guerison. On ne sortoit gueres le matin de sa maison dans le quartier Royal qu'on ne trouuât quelque corps mort deuant sa porte, & l'on voyoit quelquefois des troupes de vingt soldats malades, & transportez de leur frenaisie, qui couroient ensemble pour s'aller ietter dans vne riuiere. I'auois esté quelques iours malade auant ce siege, ie ne humay gueres de ce mauuais air sans recheute, & ie ne conseruay pas mieux ma raison dans cet accident, que tous les autres. Ce mal attaqua mon cerueau, & me mit dans de merueilleuses resueries. Comme i'auois beaucoup de diferentes images dans la memoire, ie parlois presque inceſſamment, & debitois des choſes ſi peu ordinaires, que toute la ville où l'on m'auoit fait porter pour me traitter, eut de la curioſité pour me voir. Il y eut vn Chirurgien qui me v.nt parler, & ſi toſt qu'il m'eut dit, de quelle profeſſion il ſe meſloit, ie me mis à l'interroger ſur tous les principes de la Chirurgie, & luy fis des recapitulations de tout ce que i'auois recueilly de Pline, de Pomponius Mela, d'Ælian, d'Aldrouandus, Belon, Geſnerus, & autres qui ont eſcrit, ou de la Medecine ou de l'Hiſtoire des animaux, ſi bien que le deréglement de mon eſprit tendit lors ma chambre auſſi frequétée qu'vn theatre. Mais ſelon les mouuements que me donnoit cette fievre chaude, ie meſlois quelquefois le tragique au ridicule, & ne renuoyois pas tous mes ſpectateurs contens. Vn jeune Chirurgien veſtu de noir, se mit vn iour dans la chaire qui estoit au cheuet de mon lict, & me demandoit le bras pour taster mon poulx, & voir si ma fievre n'étoit poit diminuée, & moy qui m'imaginay dans mon trouble, que c'estoit quelque petit Demon qui venoit là pour me tenter, ie luy serray le poignet auec tant de violence que ie luy rompis vn os du bras. Durant cette grande alienation de sens, on me mit vn epithéme à l'endroit du cœur, afin de me le fortifier, & comme i'auois la veuë aussi trouble que le iugement, ie me figuray de ce grand emplastre, qui estoit noir, que c'estoit vne ouuerture en mon corps, par où la belle Angloise que i'auois aymée m'auoit arraché le cœur. Si bien que ie ne voulois plus ny manger ny boire, & croyois qu'on se moquoit de moy, lors qu'on me vouloit faire aualer des boüillons, ou des jaunes d'œuf; difant que c'eftoit en vain qu'on me vouloit empefcher de mourir, puifque i'auois defia perdu tous les principes de la vie. Ie fis mille autres difcours ridicules, durant mon mal, & comme les lyons priués ne fe laiffent toucher qu'à ceux qui ont accouftumé de leur donner à manger, ie n'auois confiance en perfonne, & ne me laiffois approcher auec feureté, qu'à deux bons Peres Religieux, que i'auois eu le bien de connoiftre auant que mon mal fuft arriué dans vne extremité fi grande, & qui m'auoient donné de grandes & iuftes impreffions de leur fcience & probité.

HISTOIRE DE DEVX
malades frenetiques.

CHAPITRE LIII.

JE n'eſtois pas le ſeul, qui fit des incartades burleſques en cette ſaiſon : ce mal contagieux faiſoit joüer de plaiſans perſonnages à beaucoup d'autres. On m'a conté depuis, qu'vn Gentil-homme de ma connoiſſance, s'eſtoit leué, & habillé durant l'accez d'vn mal tel que le mien, & qu'ayant ramaſſé vn bouchon de paille dans vne eſcurie, il le porta caché ſous ſon manteau par le quartier, & rencontrant vn de ſes amis, l'auoit conuié de venir en vn cabaret manger ſa part d'vn chapon froid, qu'il auoit, diſoit-il, sous son bras : l'autre accepta la proposition & ne demanda que du pain, du vin, & vn plat chez l'hoste, croyãt que son amy auoit le chapon ; mais il fut bien estonné, quand il luy vit mettre le bouchon dans le plat, & porter le couteau dessus, côme pour le vouloir couper. Il crût au commencement qu'il estoit hors de sa maladie, & qu'il faisoit cela pour s'égayer, mais il le vit bien-tost aprés tomber de table de foiblesse, & mourir entre ses bras. Vn autre que i'ay connu dépuis particulierement, & qui estoit vn fort bon garçon; mais qui auoit tousiours quelque pente vers la folie; fit vne autre piece ridicule, qui fut bien d'vne autre consequence, celuy-cy accompagnoit vn de ses amis a l'armée, & le voyant tombé malade, l'assistoit auec passion de ses peines & de ses soins, il auoit même pris celuy de lùy faire venir vn bon Religieux, afin qu'il le preparaſt de bonne heure à tout ce qui pourroit arriuer. Deſia le bon Religieux parloit au malade des choſes qui concernoient ſon ſalut, pour le diſpoſer à faire vne bonne fin, lors que le galant homme dont ie parle tomba tout à coup malade de ce venin, qui ſe humoit auec l'air. Son eſprit en fut ſi fort alteré, qu'il en perdit ſur le champ la connoiſſance. On dit qu'il s'imagina lors eſtre quelque diuinité puiſſante, & que tirant de force le malade hors du lict luy déchirant ſa chemiſe en deux, il le voulut guerir par miracle auec vn ſeul mot de ſa bouche. Le bon Religieux ſcandaliſé de cette ſorte d'extrauagance, luy voulut dire quelque choſe pour eſſayer de le remettre dans quelque terme de reſpect; mais cet incenſé furieux, au lieu d'auoir eſgard à ſes remontrances, s'en irrita iusqu'au dernier poinct, & le prenant pour vn mauuais Ange, se mit à luy dire des injures, & puis à le frapper outrageusement: Le compagnon du Religieux entreprit de faire les hola, & fut battu de telle sorte qu'il fut contraint de s'enfuyr, mais le fou ayant fermé la porte au verroüil, reuint sur l'autre, auquel il donna tant de coups d'vn gril qu'il rencontra fortuitement sous la cheminée, que ce bon Religieux en mourut quelque temps apres, & pour le furieux frenetique il fallut vingt hommes pour le prendre & le lier, tant il estoit vigoureux & fort, & l'on n'eut point de raison de luy qu'on ne luy eust ouuert la veine aux deux bras, & que l'on n'en eust tiré seize onces de sang.

LA GVERISON DV Page & les vers qu'il fit pour payer son hostesse.

CHAPITRE LIV.

MOn mal me dura prés de trois mois, & celuy du jeu me l'eust rendu peu supportable, sans l'heureuse rencôtre, que ie fis en ces lieux, d'vn des enfans de cet illustre Maistre que i'auois seruy, qui estoit vn Escriuain celebre. C'estoit ce mesme Caualier qui m'auoit tesmoigné son affection par les vers que vous auez veus dans vn des precedens Chapitres. Ce Gentilhomme & moy ne nous quittasmes point, depuis que nous nous fusmes rencontrez,

rencontrez, & i'en receus mille bons offices. Ie fus encore bien assisté dans cet accident par mon premier Precepteur, qui se voyoit lors recompensé de sa vertu par vn employ dont son merite estoit bien digne. Cependant la despence que ie fis en ce peu de temps, fut si grande, qu'il fut besoin que ie recourusse à de hautes puissances, pour en sortir auec honneur. Ie ne m'addressay pas mal dans cette extremité, recourant au sage & genereux SS. qui gouuernoit alors les Finances, & dont i'auois eu l'honneur d'estre connu à la faueur d'vn homme illustre; pour les belles connoissances autant que pour la pieté. Ie me seruis de l'addresse de celuy-cy, pour faire agir la generosité de l'autre à qui i'escriuis ces vers, où vous remarquerez facilement de la foiblesse & de la jeunesse.

Tandis que le canon grondant comme un tonnerre
Espouuante icy prés l'Idole de la guerre,
Et que brauant la Parque en seruant un grand Roy,
Tu signales tousiours ta valeur & ta foy,
Ie suis dans une ville où le pourpre & la peste
Poussent de tous costez leur haleine funeste,
Et par qui plus de corps sont renuersez à bas,
Que le fer n'en terrasse aux plus sanglants combats.
Où l'air humide & chaud n'est humé de personne,
Que ce venin mortel aussi-tost n'empoisonne,
Où la malignité du terroir & des eaux,
Fait mourir les poissons & tomber les oyseaux.

DISGRACIE.

Bref, où le sort cruel, d'une province entiere,
A sans doute arresté de faire un cimetiere.

Deux mois m'ont veu languir dans ce triste element,
Où depuis mon abord ie n'ay veu seulement
Que des corps descharnez, & des faces blesmies,
Ressemblant proprement à des anatomies,
Dont l'impiteuse Parque auec son noir flambeau
Conduit au moindre iour plus de cent au tombeau.

Quelque sepmaine apres qu'une fievre importune
M'eût contraint d'habiter en ce lieu d'infortune,
Ie pensay que mon mal estoit du tout passé,

Mais i'esprouuay depuis que c'estoit que lassé,
Il vouloit en ce temps reprendre un peu d'haleine,
Afin de m'accabler d'une plus forte peine,
Puis qu'il reuint apres & plus grand & plus chaud,
Redonner à ma vie un plus cruel assaut.
Pour trancher plus soudain ma deplorable trame,
Il fit monter sa rage au siege de mon ame,
Et troublant mes esprits d'un tenebreux poison,
Affoiblit à la fois mes sens & ma raison.
Lors ie ne connus plus cet amy qui malade
M'auoit tousiours seruy de frere & de Pilade,
Lors ie ne connus plus Medecin ny valet,

Si bien qu'vn iour ie pris vn Barbier au colet,
Et crûs le gouspillant en cette erreur estrange,
Par ce qu'il estoit noir, gourmer vn mauuais Ange.
Mais apres que ma fougue & mon feu fut passé
Ie deuins immobile ainsi qu'vn trépassé,
Et lors dans mon cerueau les especes confuses,
Ne me firent plus voir que des vers & des Muses.
Ie voyois, ce me semble, au Mont aux deux coupeaux
Grimper de toutes parts des Rimeurs à troupeaux;
Et le cheual Pegase à force de ruades
S'esbatre à renuerser tous ces esprits malades.
Ie voyois prés de là Maillet qui tout herné,

Disoit que les neuf sœurs l'auoient cent
    fois berné,
Et le vouloient punir comme d'horribles
    crimes,
Pour auoir mis ton nom dans ses mau-
    uaises rimes.
I'y vis maint autre encor dont l'ame de
    trauers
N'a iamais eu le don de former vn bon
    vers.
Puis lassé, tout d'vn coup quittant la
    poësie,
Selon que les objets touchoient ma fan-
    taisie,
Iusqu'à ce que mon mal eût acheué mon
    cours,
Mon esprit s'égara de discours en dis-
cours.
Tantost ie croyois estre en la troupe des
    Anges,
Et là de mon Sauueur exalter les loüäges:
Tantost ie croyois estre au plus creux des
    Enfers,

Tout embrasé de feux, & tout chargé de fers,
Le plus brillant objet à mon œil estoit sombre,
Et mesme la clarté me paroissoit vne ombre.
Quand touché de pitié, le Ciel enfin voulut
Qu'vn souuerain sommeil s'offrit pour mon salut,
Dont la manne sacrée en mon corps respanduë,
Me rappella le sens & la santé perduë.
Si bien qu'à mon réueil auec estonnement
On me trouua sans fievre & sans esgarement.

Depuis, ie n'ay senty ny douleur ny tristesse,
Fors seulement le iour que mon auare Hostesse.

Un gros Apotiquaire, & deux vieux
  Medecins,
Me venans assaillir comme des assas-
  sins,
Sans beaucoup s'enquerir quelle estoit
  ma resource,
M'en compterent si bien qu'ils vuiderent
  ma bourse.

Cette galanterie ne me fut pas inutile auprés de ce genereux Seigneur : il m'enuoya pour response vn papier, duquel ie touchay mille francs, qui me seruirent à me reconduire commodement à la ville capitale du Royaume.

Cher Thirinte, c'est où finit le dix-huict ou dix-neufiesme an de ma vie : excusez les puerilitez d'vne personne de cet aage, & me faites l'honneur de me preparer vostre attention, pour ce qui reste. Vous allez apperceuoir vn assemblage de beaucoup de choses plus agreables, & qui respondront mieux à vostre humeur. Vous allés entendre des auentures plus honnestes & plus ridicules, dont la diuersité peut soulager de differentes mélancholies. Ie vais vous rendre raison du dégoust que i'ay pour toutes les professions du monde, & ce qui m'a fait prendre en haine beaucoup de diuerses societez. C'est en ces deux volumes suiuans que vous sçaurez l'apprentissage que i'ay fait en la connoissance des hommes: & si i'ay quelque tort, ou quelque raison de ne les vouloir hanter que rarement.

Fin de la seconde Partie.

REMARQVES
ET
OBSERVATIONS
SVR LE SECOND LIVRE
DV PAGE
DISGRACIE'.

Ch. II. Pag. 17. *Cette superbe Ville d'Edimbourg.* C'est la capitale du Royaume d'Escosse, prés laquelle est le fameux Château des Pucelles, autrefois l'Arsenal où les Pictes & Danois auoient leurs magazins & munitions de guerre.

Les grandes Isles en la partie Ch. 5.
Septentrionalle d'Escosse. L'I- Pa. 34.
mage de mon premier Maî- Ch. 5.
tre, Henry de Bourbon Duc Pa. 36.
de Verneüil, &c.

Cette ieune Armide. Il com- Pa. 37.
pare sa Maistresse à celle du
fameux Renaud, qui s'ap-
pelloit Armide.

Plemut. Plemut est vne Vil- Ch. 9.
le & port d'Angleterre.

Limerick. C'est vne Ville Pa. 57.
d'Irlande.

Grauerine. Ville d'Angle- Ch. 10.
terre, où le Page rencontra Pa. 59.
vn François qui faisoit tra-
fic de Canales d'Angleterre,
appellées Guilledines.

Cette Ville autrefois capital- Ch. 11.
le d'un petit Royaume. La Ville de Roüen, autrefois capitale du Royaume de Neu-
strie.

O vj

Ch. 12. *Ormus.* Cette Ville est la capitale de l'Arabie.

Ch. 16. *Mon Oncle maternel.* Iacques le Morhier deuxiéme
Pa. 99. du nom, Chevalier, Seigneur de Villiers, & le Morhier, fils de Milles le Morhier, & de Denise de S. Prés, Ayeule de l'Autheur. Ce Gentil-homme contoit entre ses Ancestres Adam le Morhier Viceroy de Sicile, l'an 1272. Auquel temps il fut envoyé Ambassadeur extraordinaire par Charles II. pour complimenter le Prince Odoard, fils du Roy d'Angleterre, qui passoit auec sa famille au Royaume de Naples; ainsi que l'a remarqué Dom Ferranté de la Mara, Duc de la Guardia, en son Histoire des Familles de Na-

ples. Le mesme Seigneur de Villiers auoit aussi eu pour trisayeul Simon le Morhier Seigneur de Villiers, Houdan, & du Tour en Champagne, Gouuerneur de Dreux, Preuost de Paris, & depuis, selon le Feron, Grand Maistre de France, renommé entre les Chefs de la faction Angloise & Bourguignonne. Il fut pere de Iean le Morhier, Cheualier Seigneur dudit Villiers le Morhier; lequel de son mariage auec Ieanne de Bretagne, laissa

Iacques le Morhier premier du nom, Cheualier, Seigneur de Villier, le Morhier, Montigny, Voisins, &c. Marié auec Catherine de Brichanteau, dont Miles le Morhier, que nous auons dit, allié auec Denise de S. Prés, dont Iacques susdit pere de

Estienne le Morhier, second du nom, Cheualier, Seigneur de Villiers, le Morhier, Sangy, S. Lucien & autres lieux; lequel de son mariage auec Antoinette d'Illiers, a deux fils au seruice du Roy. Sa fille a épousé le Baron de S. Quentin en Normandie. Le mesme a eu pour sœur

Geneuiefve le Morhier, femme de Charles de le Cocherel, Cheualier, Marquis de Bourdonné, Mareschal des Camps & Armées du Roy, Gouuerneur & Bailly de Montfort, cy-deuant Gouuerneur de la Bassée, de

REMARQVE.

Vic, & de Moienuic. Il a deux fils dans le seruice du Roy, & Iudith de Cocherel sa fille aisnée, a esté mariée au Marquis de Foulleuse Flauacour, l'vn des anciens Capitaines aux Gardes, & duquel les longs seruices ont esté n'agueres recompensez par le Gouuernement de Grauelines.

Le chemin d'vn S. Le chemin de S. Iacques, pelerinage que l'on fait à l'Eglise de ce S. au Royaume de Galice, où l'Autheur souhaittoit d'aller, pour passer de là en Castille à la Cour du Roy Catholique, où estoit le Connestable Iean de Velasque son parent. — Ch. 19. Pa. 114.

Cette celebre Ville. La Ville de Poictiers. — Pa. 115.

Pa. 121. *Cét honneste Gentil-homme.* Il estoit neveu de Sceuole de Sainte-Marthe.

Ch. 21. *Le bon vieillard.* Sceuo-
Pa. 125. le de Sainte Marthe, Gentil-homme des plus accomplis de son temps, & qui posse-doit parfaitement les Langues & les Sciences, grand Poëte & grand Orateur tout ensemble; ainsi que font foy les Ouurages qu'il a mis au iour. C'est de luy que sont issus ces deux lumieres de l'Histoire Genealogique, Messieurs de Sainte Marthe, si renommez entre les Escriuains de ce dernier siecle; l'vn desquels semble renaî-tre en la personne de son fils aisné, à present encore Historiographe du Roy.

Ch. 22. *Secretaire d'vn grand Sei-*

meur. Emanuel Philbert des Prés dit de Sauoye, Marquis de Villars, Seigneur du grād Preſſigny en Touraine, fils de Melchior des Prez, Seigneur de Montpezat, & de Henriette de Sauoye, laquelle épouſa en ſecondes Nopces Charles de Lorraine, Duc de Mayenne, Pair & grand Chambellan de France, Cheualier des Ordres du Roy, Gouuerneur de Bourgongne, cy-deuant Chef de la Ligue. *Pa.* 135.

De me preſenter à ſa femme. Eleonore de Thomaſſin, veufue de Claude de Vergy, Comte de Chanplite, Gouuerneur du Comté de Bourgongne, laquelle ne laiſſa point d'enfans de ce dernier mariage auec le Marquis de Villars. Ch. 23. Pa. 138.

Ch. 30.
Pa. 17.
Vne certaine Ville. La Ville de la Haye en Touraine, distante de sept lieuës du Chasteau & Bourg du grand Pressigny, où l'Autheur se fut diuertir auec vn des Officiers de Iustice dudit lieu de Pressigny.

Ch. 35.
Pa. 206.
Vn ieune Prince de gentil Honorat de la Baume, Comte de Suze, depuis Cheualier des Ordres du Roy, Gouuerneur de Prouence, & Vice-Admiral de France. De luy est issu Rostain de la Baume, Comte de Suze, Marquis de Bresieux; lequel de son alliance auec Hypolite de la Croix Cheurieres, a eu le Comte de Suze, aujourd'huy viuant, lequel a épousé la fille du Comue de Merinuille, Che-

REMARQUES. 331

ualier des Ordres du Roy, & Lieutenant de Roy en Prouence.

Vn grand Prince auquel il estoit allié. Henry de Lorraine, Duc de Mayenne, son frere vterin. Ce Prince l'attendoit à Bourdeaux. Ch. 37. P. 220.

Cette fameuse Cité. La Ville de Bourdeaux posée sur la riuiere de Garronne. Pa. 221.

Vn Tombeau de pierre. Cette pierre est appelée Lunaire, & qui a cette qualité que dit l'Autheur. On en voyoit vne pareille qui sert de Tombeau au corps de S. Virgille, au Monastere des P.P. Minimes de la Ville d'Arles en Prouence. Pa. 222.

Comme il deuint Secretaire d'vn grand Prince. Henry de Lorraine, Duc de Mayenne, Ch. 40. Pa. 237.

dont j'ay parlé cy-deuant, Prince de grand cœur, & grand ennemy des Religionnaires, lequel auoit espousé Henriette de Gonzagues, fille puisnée du Prince Louys Duc de Mantouë, & d'Henriette de Cleues, Duchesse de Neuers & de Rethel.

Ch. 45. *Cette orgueilleuse riuiere.*
P. 260. Le fleuue du Rosne, qui passe le long de la Ville de Lyon.

Ch. 47. *Il passa en la Ville où ce*
P. 273. *Prince commandoit.* A Bourdeaux, principale Ville de la Guyenne, dont le Duc de Mayenne estoit Gouuerneur, & où le Roy passa.

P. 276. *I'y fus mené par l'Hermine.* Hercules de Creuant, Marquis de Humieres, premier

Gentil-homme de la Chambre du Roy, fils de Louys de Creuant, Vicomte de Brigueil, Cheualier des Ordres du Roy, Gouuerneur de Compiegne & de Ham en Picardie; & de Iacqueline d'Humieres. Ce Seigneur des plus accomplis de son temps, fut tué au Siege de Royan.

De me ietter aux pieds du P. 276.
plus grand Prince. Le Roy Louys XIII. surnommé le Iuste.

Vn grand Prelat qui estoit Ch. 48.
mon Oncle. Charles Miron, P. 280
Euesque d'Angers, Oncle de l'Autheur à la mode de Bretagne, n'estant que Cousin germain de sa mere Elisabeth Miron.

Le ieune Alcide. Le Roy

Ch. 49.
P. 283.
Louys XIII. marchant contre les Villes rebelles du Royaume, lors occupées par les Religionnaires.

P. 284. *Il y en eut vne qui l'arresta quelques iours.* Où fut tué le Marquis d'Ecry, allié de l'Autheur, à cause qu'il auoit épousé Anne le Fevre de Caumartin, fille de Louys, Garde des Sceaux de France, & de Marie Miron, sœur de l'Euesque d'Angers.

Pa. 285. *Il nous auoit laissé son image.* Henry de Bossut, Marquis d'Ecry & de S. Scene, lequel comme son pere fut tué au seruice du Roy à la reprise de la Ville de Roye n'ayant encore que dix-sept ans, son Gouuerneur, Gentil-homme Gascon, Datte, fut blessé à mort au

REMARQVES. 335

rencontre des voleurs que ce Seigneur rencontra en Champagne deux ans auant cet accident.

I'auois vn cadet dans le Regiment des Gardes. P. 289. L'autheur entre plusieurs freres auoit ce puisné Seuerin l'Hermite, que l'Euesque d'Angers desirant auancer dans l'épée, auoit fait mettre aux Gardes : ce Gentilhomme fut enseuely dans la mine de Royan, & ne resta plus de freres à l'Autheur que Iean Baptiste l'Hermite encore viuāt, sous le nom du Cheualier de l'Hermite.

Vn des plus vaillans Seigneurs de l'Armée. Ch. 52. Le Marquis de Boüesse Pardaillan.

Vn de mes meilleurs amis. P. 478. Le Marquis d'Humieres.

Noſtre Autheur en diſant les obſtacles qui l'empêcherent de retourner prés de ſon premier Maiſtre, deuoit parler de l'honneur que luy fit le Roy, de le donner à Monſeigneur le Duc d'Orleans, ſon frere vnique, que l'Autheur ſuiuit depuis en Flandres & en Lorraine, où il commença de faire & mettre au iour toutes les Poëſies qui luy ont acquis ſa reputation entre les premiers de ſon temps.

TABLE

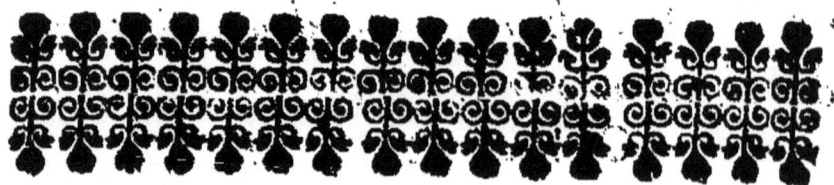

TABLE
DES CHAPITRES.

CHAPITRE I.

 Omme le Page disgracié coucha deux nuicts sur un Arbre d'une Forests.   Page 3

CHAPITRE II.
Des nouuelles que receut le Page, & comment il alla trouuer la Tante de Lidame qui demeuroit à Edimbourg. p. 10

CHAPITRE III.
Comme la Tante de Lidame dépescha un Messager à sa mere pour auiser auec elle comment on feroit sauuer le Page disgracié.   page 19

CHAPITRE IV.
Comme le Page s'embarqua dans un

P

TABLE

nauire Marchand qui s'alloit charger de poisson aux costes de Noruegue. p. 16

CHAPITRE V.
Le voyage que fit le Page disgracié dans la Noruegue. pag. 34

CHAPITRE VI.
De la rencontre que fit le Page d'vn ieune Seigneur d'Escosse. pag. 39

CHAPITRE VII.
Histoire de deux illustres Amans. page 43

CHAPITRE VIII.
Autre Histoire Escossoise. pag. 48.

CHAPITRE IX.
Comme le Page change de vaisseau. page 55

CHAPITRE X.
L'arriuée du Page à Plemout, & le peu de seiour qu'il fit à Londres. p. 58

CHAPITRE XI.
Comme le Page disgracié fut pris pour duppe. page 62

CHAPITRE XII.
Quelle rencontre fit le Page en vue

DES CHAPITRES.
fameuse hostellerie d'vn Auare liberal.
page 77.
CHAPITRE XIII.
Extrauagance de l'Auare liberal. p. 82
CHAPITRE XIV.
Faste de l'Auare liberal, & quelle atteinte on luy donna. pag. 88
CHAPITRE XV.
Comme le Page disgracié fit des Vers dans vne Abbaye. pag. 92
CHAPITRE XVI.
Comme le Page disgracié logea chez vn de ses parens. page 98
CHAPITRE XVII.
Comme le Page disgracié fit connoissance auec la fille de son hoste. page 101
CHAPITRE XVIII.
Nouuelles disgraces du Page. p. 108
CHAPITRE XIX.
Desespoirs & miseres du Page. page 113
CHAPITRE XX.
Comme le Page seruit vn Maistre

P ij

TABLE

chez lequel il tomba malade. p. 120

CHAPITRE XXI.
Du second Maistre du Page, qui estoit un des grands personnages de son temps. page 125

CHAPITRE XXII.
Par quelle adresse le Page fut fait Secretaire d'un grand Seigneur. p. 134

CHAPITRE XXIII.
Quel estoit un Nain qui seruoit d'Espion à la Dame du Chasteau. p. 130

CHAPITRE XXIV.
Rapport du Nain qui dépleut au Page. page 142

CHAPITRE XXV.
Duel du Nain & du Cocq-d'Inde. page 147

CHAPITRE XXVI.
Comme trois Perdrix furent reprises dans les chausses du Nain. p. 153

CHAPITRE XXVII.
Comme la Dame du Chasteau maltraittoit le Secretaire de son mary pour

DES CHAPITRES.

uenger la honte du Nain. page 162

CHAPITRE XXVIII.
Comme le nouueau Secretaire secoüa le joug de la tyrannie de sa Maistresse. page 167

CHAPITRE XXIX.
D'vne farce dont vn Iardinier voulut estre. page 170

CHAPITRE XXX.
D'vne meute de Mastins qui fut laissée en gage dans vne hostellerie. p. 174

CHAPITRE XXXI.
De quelle sorte Gelase fit rompre vne iambe à Maigrelin. page 182

CHAPITRE XXXII.
D'vne Boulangere qui crût deuoir estre penduë pour auoir brûlé des cerises. page 185

CHAPITRE XXXIII.
Du Chat qui auoit mangé le Moineau d'vne Demoiselle de la maison. page 195

CHAPITRE XXXIV.
Quelle punition receurent le Page & la

P iij

TABLE

Demoiselle. page 202

CHAPITRE XXXV.
Petite vengeance du Page. pag. 204

CHAPITRE XXXVI.
Ambassade du Page vers vn vieux Cheualier grotesque, & quelle reception on luy fit. page 208.

CHAPITRE XXXVII.
Départ du Page, & la societé qu'il eut auec d'Illustres Escoliers. p. 220

CHAPITRE XXXVIII.
Comme vn Escolier de bon lieu fut tué par des paysans. page 225

CHAPITRE XXXIX.
La reuanche des Escoliers. p. 233

CHAPITRE XL.
Comme le Page deuint Secretaire d'vn grand Prince. page 277

CHAPITRE XLI.
D'vn Singe qui donna aux passans tout l'argent dont on deuoit payer la Caualerie d'vn Prince. page 242

CHAPITRE XLII.
Gentillesse d'vn Caualier qui fit con-

DES CHAPITRES.

noissance auec le Page. page 250

CHAPITRE XLIII.
Par quelle inuention la Montagne fut pris pour dupe. page 255

CHAPITRE XLIV.
D'vne malice que fit la Montagne. page 257

CHAPITRE XLV.
Comme le Page disgracié courut fortune d'estre noyé. page 260

CHAPITRE XLVI.
Querelle du Page pour auoir soûtenu l'honneur du Tasse qu'vn ieune Escolier rabaissoit. page 266

CHAPITRE XLVII.
Retour du Page à la Cour. p. 273

CHAPITRE XLVIII.
Comme vn grand trauersa la fortune du Page. page 280

CHAPITRE XLIX.
Le Page suit vn grand Monarque à la guerre, & void mourir vn Seigneur de ses alliez, page 283

TABLE DES CHAP.
CHAPITRE L.
Auanture du Page dans vne surprise de maison.   page 287

CHAPITRE LI.
Quel fut le butin de la maison surprise.   page 296

CHAPITRE LII.
Effets de la guerre & mort d'vn Illustre Seigneur des amis du Page.   p. 300

CHAPITRE LIII.
Maladie du Page.   page 305

CHAPITRE LIV.
Histoire de deux malades frenetiques. page 308.

CHAPITRE LV.
La guerison du Page, & les Vers qu'il fit pour payer son hostesse.   p. 312

Fin de la Table des Chapitres.

www.ingramcontent.com/pod-product-compliance
Lightning Source LLC
Chambersburg PA
CBHW072015150426
43194CB00008B/1120